品格

一堂永恒的
思政课

《品格》编写组／编著

天地出版社 | TIANDI PRESS

《品格》编写组

主编：孙杰　　刘斌

编委：王宁　　何方　　冯健

　　　田宇　　屈上　　肖津

　　　成微　　阿力木斯

春风化雨　润物无声

习近平总书记指出："在全党开展党史学习教育，是党中央立足党的百年历史新起点、统筹中华民族伟大复兴战略全局和世界百年未有之大变局、为动员全党全国满怀信心投身全面建设社会主义现代化国家而作出的重大决策。党中央已经印发了《关于在全党开展党史学习教育的通知》，对这项工作作出了部署，各级党委（党组）要认真贯彻落实。"由此，在辽阔的中华大地上，一场学习、宣传、研究党史的普及性、群众性、历史性大潮滚滚而来，方兴未艾。正是在这场历史性大潮推动下，天地出版社坚决贯彻习近平总书记在党史学习教育动员大会上的重要讲话，在中央电视台2021年播出的纪录片《品格》的基础上，与央视合作策划出版了党史学习教育通俗读物《品格》，为广大读者学习党史提供了一本通俗性、普及性、可读性很强的党史读物。

"党的历史是最生动、最有说服力的教科书。"中国共产党历来重视党史学习教育，注重用党的奋斗历程和伟大成就鼓舞斗志、明确方向，用党的光荣传统和优良作风坚定信念、凝聚力量，用党的实践创造和历史经验启迪智慧、砥砺品格。《品格》一书，通过"坚定信仰""人民至上""艰苦奋斗""实事求是""独立自主""敢为人先"六个方面，深入浅出，娓娓道来，讲述了中国共产党的百年历程、百年辉煌。用百年来共产党人的光辉事迹，展现出中国共产党百年奋斗的壮丽画卷：中国共产党自成立以来，始终把为中国人民谋幸福、为中华民族谋复兴作为自己的初心使命，始终坚持共产主义理想和社会主义信念，团结带领全国各族人民为争取民族独立、人民解放和实现国家富强、人民幸福而不懈奋斗。党领导人民浴血奋战、百折不挠，创造了新民主主义革命的伟大成就；自力更生、发愤图强，创造了社会主义革命和建设的伟大成就；解放思想、锐意进取，创造了改革开放和社会主义现代化建设的伟大成就；自信自强、守正创新，创造了新时代中国特色社会主义的伟大成就。中国共产党和人民百年奋斗，书写了中华民族5000多年历史上最恢宏的史诗。

"历史是最好的老师。"历史在人民探索和奋斗中造就了中国共产党，中国共产党团结带领人民又造就了历史悠久的中华文明新的历史辉煌。《品格》一书，精心选择了百年党史上共产党人为中国革命、建设、改革开放和新时代努力奋斗的英雄篇章：陈望道废寝忘食，翻译《共产党宣言》，感觉"真理的味道非常甜"；瞿秋白唱着自己翻译成中文的《国际歌》，从容就义；周文雍、陈铁军慷慨悲歌，举行罕见的"刑场上的婚礼"；方志敏为了《可爱的中国》，宁死不屈，"虽九死而不悔"；杨靖宇领导东北抗日联军，长期战斗在白山黑水，最后弹尽粮绝，战死沙场；江竹筠为了捍卫共产党组织的秘密，经受严刑拷打，视死如归，"在烈火中永生"；解放军战士雷锋，一贯助人为乐，毫不利己，专门利人，"甘做革命的螺丝钉"；"县委书记的好榜样"焦裕禄，一心一意为改变兰考落后面貌而奋斗，直至生命的最后一息；航空报国的罗阳，将生命献给祖国的航空事业；载人航天英雄杨利伟，代表中华民族遨游太空；"两弹一星"科学家孙家栋，攻克一个个科技难关；等等。一个个载入百年党史的名字，一个个生动鲜活的故事，犹如万里长空中一颗颗闪烁的星星，展现着百年大党奋进的历程。

《品格》一书展现了许许多多共产党人在革命战争年代浴血奋战、前仆后继的动人事迹，在社会主义革命和建设时期愚公移山、改造中国的辉煌业绩，在开辟中国特色社会主义道路进程中改革开放、移山填海创造的历史伟业，在中国特色社会主义新时代坚定信念、攀登高峰创造的时代奇迹。阅读《品格》，有利于广大读者在学习党史中，得到深刻领悟，更好地坚定理想信念，在奋发有为中践行初心使命，为实现中华民族伟大复兴作出更大贡献。

中共二十大报告指出："弘扬以伟大建党精神为源头的中国共产党人精神谱系，用好红色资源，深入开展社会主义核心价值观宣传教育，深化爱国主义、集体主义、社会主义教育，着力培养担当民族复兴大任的时代新人。推动理想信念教育常态化制度化，持续抓好党史、新中国史、改革开放史、社会主义发展史宣传教育，引导人民知史爱党、知史爱国，不断坚定中国特色社会主义共同理想。"《品格》一书，在政治上，符合中共二十大精神和习近平总书记关于党史学习教育的一系列重要指示；在内容上，精心选择、精细撰稿，以一个个鲜活的共产党人形象和感人事迹展示百年大党的辉煌历程；在方法上，按照习近平总书记"讲好中国故事"的要求，采用了读者喜闻乐见的"讲故事"形式，通俗易懂，从故事中引发出深刻的道理，创造了一种崭新的党史通俗教育读物形式，必将受到广大读者的热烈欢迎和社会各界的广泛好评。

原中共中央党史研究室宣传教育局副局长　薛庆超

坚定信仰

人民至上

艰苦奋斗

实事求是

独立自主

敢为人先

目录

| 第三章 |

艰苦奋斗

| 第四章 |

实事求是

第一章

坚定信仰

坚定信仰

　　信仰是什么？它是黑夜里的一束光，是严寒中的一团火。给人指明方向，给人力量。

　　百年来，对马克思主义的信仰，对社会主义和共产主义的信念，就是中国共产党人的政治灵魂和精神支柱。在血雨腥风的革命年代，他们浴血奋战，视死如归；在艰苦奋斗的建设年代，他们鞠躬尽瘁，敢于拼搏；在改革开放年代，他们敢为人先，负重前行；在中国特色社会主义建设的新时代，他们不忘初心，继续前进。正是因为拥有这种坚定的信仰，中国共产党拥有了凝聚全党和全国人民的强大力量。

信仰：黑暗中的一束光

2012年11月29日，十八届中央领导集体在国家博物馆参观《复兴之路》展览时，习近平总书记讲述了一个有关信仰的故事。

一天，一个小伙子在家里奋笔疾书，妈妈在外面喊着说："你吃粽子要加红糖水。吃了吗？"他说："吃了吃了，甜极了。"结果老太太进门一看，这个小伙子埋头写书，嘴上全是黑墨水，这位

陈望道是第一个翻译中文版《共产党宣言》的人

错把墨水当作红糖水的人，就是陈望道。他当时在浙江义乌的家里，翻译《共产党宣言》。由此，他就说了一句话，真理的味道非常甜。（摘自2012年习近平总书记参观《复兴之路》时的讲话）

真理的甜，令人激动，给人希望。

1920年，陈望道翻译的中文首译本《共产党宣言》，让马克思主义以完整的面貌传入中国，也让无数的仁人志士看到了民族救亡图存的可能，点亮了他们信仰的明灯。为表明自己信仰共产主义，他将自己的名字"陈参一"改为"陈望道"。"望道"二字即为探索、展望，寻找新的革命道路之意。

毛泽东曾这样对美国记者埃德加·斯诺说："有三本书特别

|人|物|档|案|

陈望道（1891—1977），浙江省义乌人。我国现代著名的思想家、社会活动家、教育家和语言学家，五四新文化运动的积极推动者。

曾留学日本早稻田大学，学成回国后在浙江第一师范学校任教，后又返回故乡翻译马克思主义入门经典《共产党宣言》。

1920年5月，他前往上海，任《新青年》编辑，又与陈独秀、李汉俊、李达等酝酿组织马克思主义研究会。

油画《列宁宣布苏维埃政权成立》［苏］弗·谢罗夫

深刻地铭记在我的心中，使我树立起对马克思主义的信仰。"排在这三本书榜首的，即是陈望道译的《共产党宣言》。

1920年，作为北京《晨报》和上海《时事新报》特派记者的瞿秋白，也踏上了前往苏俄寻找真理的行程。途中，瞿秋白第一次听到《国际歌》，他把这首歌带给自己的震撼，记录在散文集《饿乡纪程》之中。

看坛下挤满了人，宣布开会时大家都高呼"万岁"，哄然起立唱《国际歌》，声调雄壮得很。这是我第一次听见《国际歌》，到

坚定信仰

俄国之后差不多随处随时听见。

到达莫斯科后，瞿秋白和另外两位中国记者在当地《消息报》上发表了《致俄国工人和新闻工作者呼吁书》。

我们愿意相信，在不久的将来，我国人民也将能掌握和实现马克思主义的伟大原则。中国人民几乎完全不了解你们新的社会建设的进程，我们的责任就在于，研究这一建设并把它广泛地介绍给我国人民。（摘自《中国近代思想家文库》瞿秋白卷）

瞿秋白等人系统介绍苏俄革命实况的报道，给苦难深重的中国人民取来了十月革命之火。作家郑振铎回忆："那些充满了热情和同情的报道，令无限的读者们对这个人类历史上出现的崭新的社会主义国家，发生了无限向往的心情。"为了让更多人了解"英特纳雄耐尔"（法语Internationale的音译，本义是国际主义），激荡起人们的革命热情，瞿秋白还将代表国际共产主义理想的《国际歌》译配成汉语词曲发表在《新青年》上，并一直传唱到今天。

墨汁的黑，如旧中国那段黑暗历史；真理的甜，则赋予追求真理的探索者以力量，去打破黑色世界，为大家辟一条光明的路。正如瞿秋白所说，坚持真理的人是伟大的，我们要抱着乐观去奋斗，我们往前一步，就是进步。

 # 信仰：不可动摇的信念

1927年4月12日，蒋介石在上海发动反革命政变，数十万共产党人和革命群众倒在了血泊之中。中国共产党第一次走到了生死存亡的关头。去，还是留，不仅仅是对信仰的选择，更是生与死的考验。

这一年，25岁的国民党军师长周保中放弃国民党少将身份，加入中共中央特科。这一年，50岁的中学校长徐特立，加入中国共产党。他说，革命成功的时候，多一个人少一个人无所谓，正是因为革命失败了，我们才得干。这一年，31岁的贺龙在南昌起义失败之后，当大家心灰意冷时，他坚决要求加入党组织。

周保中　　　　　　徐特立　　　　　　贺龙

坚定信仰

还是这一年，年近40岁的蒋介石春风得意，四一二政变前8天，他第一次成为美国《时代》周刊的封面人物。人物介绍只用了一个词——征服者。这一年，蒋介石镇压了上海工人起义，征服了宋美龄。就在广州起义的前10天，蒋介石和宋美龄在上海举办了一场盛大的婚礼。这场婚礼在当时可谓花费浩繁，费用达数百万元。据时任上海《时报》采访主任的金雄白说：

在戈登路的大华饭店，那是上海最豪华的西式大饭店，当时米价还是每担3元的时候，大华饭店一碟牛排就取价4元了。（摘自《金雄白回忆》）

就在蒋介石婚礼2个月后，广州红花岗的刑场上，两位共产党员举行了一场悲壮的婚礼，新娘叫陈铁军，新郎叫周文雍。广州起义失败后，由于叛徒告密，他们同时被捕。在狱中，面对敌人的严刑审讯和威逼利诱，他们毫不动摇。周文雍还在监狱的墙壁上题写了一首《绝笔诗》："头可断，肢可折，革命精神不可灭。壮士头颅为党落，好汉身躯为群

陈铁军、周文雍牺牲前的合影

陈铁军（1904—1928），原名陈燮君，出生在广东佛山一个归侨富商家庭。1924年，陈铁军考入广东大学（现中山大学）文学院预科就读。1926年，加入中国共产党，先后担任广东妇女解放协会执行委员会委员兼秘书长、省港罢工劳动妇女学校教务主任。

1928年初，因叛徒出卖，陈铁军与周文雍同时被敌人逮捕。1928年2月6日下午，两人被押往广州东郊的红花岗刑场，英勇就义。

裂。"行刑前，他们拍下了最后也是唯一的一张合影。陈铁军大声说道："我和周文雍同志假扮夫妻，共同工作了几个月，合作得很好，也建立了深厚的感情，但是由于专心于工作，我们没有时间谈个人的感情。现在我们要结婚了，就让国民党刽子手的枪声，作为我们结婚的礼炮吧。"

没有鲜花，没有礼服，满怀着共产主义革命信仰，他们将敌人的刑场当作结婚的礼堂，将敌人的枪声当作结婚的礼炮，这样的爱情何其壮烈！

信仰：在血与火中淬炼

目前的中国，固然是江山破碎，国弊民穷，但谁能断言，中国没有一个光明的前途呢？……到那时，到处都是活跃跃的创造，到处都是日新月异的进步，欢歌将代替了悲叹，笑脸将代替了哭脸，富裕将代替了贫穷，康健将代替了疾苦，智慧将代替了愚昧，友爱将代替了仇杀，生之快乐将代替了死之悲哀，明媚的花园将代替了凄凉的荒地。（摘自方志敏《可爱的中国》）

这是方志敏在狱中写下的未来之中国，为了实现这样一个可爱的中国，方志敏和千千万万的共产主义者，万死不辞，九死不悔。

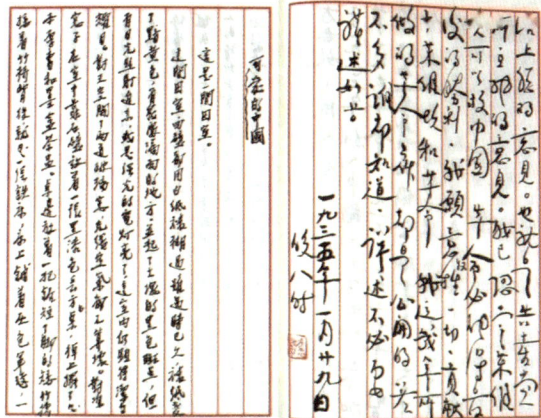

《可爱的中国》

方志敏（中）被捕后的照片

　　这张照片就是方志敏被俘后留下的，他两边的两位将领分别是刘畴西和王如痴。他们的名字或许很多人并不熟悉，但是在与国民党军进行第五次反"围剿"的战斗中，他们为信仰而战的精神，连敌人都为之叹服。

　　刘畴西，北上抗日先遣队红十军团军团长，毕业于黄埔一期，后又去苏联伏龙芝军事学院留学。1925年，刘畴西参加了讨伐陈炯明的东征战役，一战成名。在这场战役中，刘畴西虽然丢了左胳膊，但获得了蒋介石的赏识。因此，在刘畴西被俘后，蒋介石密令国民党驻赣绥靖公署主任顾祝同尽力劝说其归降。在黄埔时，顾祝同既是刘畴西的教官，又是他的上司，但顾祝同怕自己说不动，又联络很多刘畴西在黄埔时期的同学前来劝说。从怀玉山到上饶，从上饶到南昌，押解路上劝降之人络绎不绝，仅顾祝同本人就亲自来了三次，劝降的条件也很简单。劝降者说：只要你在报纸上登一则脱党启事，向校长讲一声"我错了"，委员长还是会重用你的。但刘畴西却对劝降者说："我们共产党人的信仰是不可动摇的，不要希望我给你们办任何事情。"

王如痴，北上抗日先遣队红十军团第十九师参谋长，曾协助第十九师师长寻淮洲指挥袭击常山，攻占旌德，西逼芜湖。他作战英勇，屡建战功。1935年1月，红十军团决定返回闽浙赣苏区休整，在返回途中，遭遇国民党军队的前堵后截，并在怀玉山被敌军包围。红军几次突围均未成功。1月25日，敌二十一旅派军搜查怀玉山，王如痴等被发现。王如痴率战士一面向山顶撤退，一面开枪迎击。终因弹尽粮绝，王如痴等被俘。王如痴虽身陷囹圄，但丝毫不为敌人阴谋伎俩所

| 人 | 物 | 档 | 案 |

刘畴西（1897—1935），湖南望城人，中国共产党早期军事领导人之一。黄埔军校第一期毕业生。第一次东征光荣负伤，失去左臂；1929年初赴莫斯科伏龙芝军事学院学习；1930年8月回国到中央苏区工作，任红一军团第三军第八师师长；1934年11月，被任命为北上抗日先遣队红十军团军团长；在多次反"围剿"作战中屡立战功，被誉为"独臂将军"。

1935年1月，在怀玉山区被国民党重兵包围被俘，8月6日在南昌与方志敏烈士一同英勇就义。

动，宁死不屈。

1935年8月6日，方志敏、刘畴西、王如痴等人被押往南昌市百花洲下沙窝秘密刑场。王如痴高呼口号："打倒国民党！""打倒帝国主义！""中国共产党万岁！"在一阵急促的排枪声中，王如痴走完了人生32个春秋的历程。

胡天桃，北上抗日先遣队红十军团第二十一师师长，关于他的历史资料，我们目前唯一能找到的是他被俘后，国民党《中央日报》刊发的一则消息中，有一张模糊的照片。但是国民党将领王耀武却对这位曾经与之交战过的红军师长终生难忘。这位师长的上身穿着三件补了许多补丁的单衣，下身穿着两条破烂不堪的裤子，脚上是两只不同色的草鞋，背着一个很旧的干粮袋，袋里装了一个破洋瓷碗，除此之外别无他物，与普通战士没有什么区别。时值严冬，天寒地冻，若不是被别的俘虏指认出来，王耀武绝对不相信面前这个人就

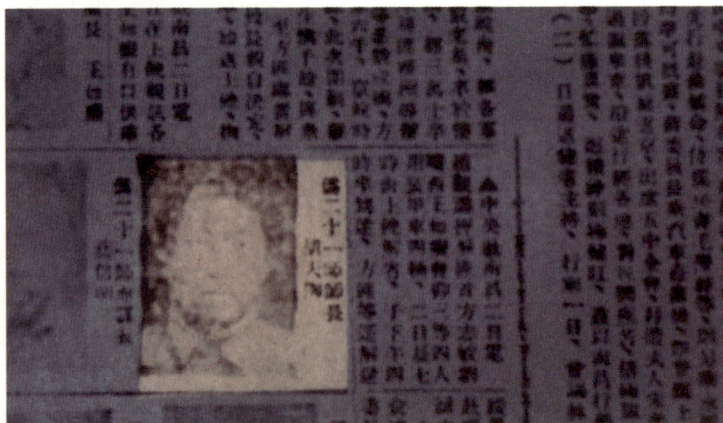

胡天桃被捕后，国民党《中央日报》刊登的消息

坚定信仰

是红军师长胡天桃。《文史资料精选》第7册中的《阻截方志敏北上抗日先遣队战役的经过》，记录了他与胡天桃当时的对话——

王耀武：蒋委员长对你们实行宽大及感化教育，只要你们觉悟，一样得到重用。

胡天桃：我认为只有革命，坚决打倒帝国主义、封建主义及军阀，中国才有办法。

王耀武：我们也希望国家好，也反对帝国主义的侵略……共产主义不适合国情，你们硬要在中国实行，这样必然会失败的。

胡天桃：我认为没有剥削压迫的社会，才是最好的社会，我愿为实现共产主义而牺牲。

王耀武：你家在哪里，家里还有什么人？告诉我们，我们可以保护你的眷属。

胡天桃：我没有家，没有人，不要保护。

那场谈话中表现出来的共产党人的决心与意志，一直震撼着王耀武。他回忆，据说胡到上饶总指挥部及南昌行营，坚持真理，大无畏的精神丝毫未变，不管国民党如何威逼利诱，都动摇不了他如钢铁般的革命意志。

"总想为大家辟一条光明的路"的瞿秋白，此时也陷入黑暗之中，在福建长汀被捕后，国民党用尽各种手段逼迫瞿秋白投降，甚至提出不必发表反共声明和自首书，只要瞿秋白答应到南京政府下属机关去担任翻译即可。瞿秋白断然拒绝道：

古语云："朝闻道，夕死可也。"我不仅闻了共产主义世界大同之道，而又还看到这个道正越来越多地为人民所拥护，千千万万人正在为它洒热血，抛头颅，不管遭受多大的牺牲，多少次的失败，总有一天会在中国，在全世界成功的，我瞿秋白纵然一死，又何足惜哉！（摘自《国民党审讯瞿秋白笔录》）

看到处决书，瞿秋白面色不改，他走到长汀中山公园的凉亭前，留下了这张照片。当时天津《大公报》记录下了瞿秋白的最后时刻。

瞿秋白就义前的照片

全园为之寂静，鸟雀停息呻吟。信步行至亭前，已见韭菜四碟，美酒一瓮，彼独坐其上，自斟自饮，谈笑自若，神色无异。（摘自1935年7月5日天津《大公报》）

瞿秋白高唱着《国际歌》走向罗汉岭刑场，山上青松挺秀，山前绿草如茵，瞿秋白微笑着说："此地甚好，开枪吧。"

信仰：至死不渝的意志

1940年1月，时任伪通化省警务厅长的岸谷隆一郎得到消息，那个让他苦苦追踪的对手又一次出现了。他在传记中这样写道：

年龄四十岁，身高五尺八寸（约1.75米），体重二十五贯（约93公斤）的高大男子，眉毛浓重，眼光锐利，力气大，可用两个指头将弯曲的钉子扳直，并且奔跑速度，部下中无一人能及。（摘自侵华日军《岸谷隆一郎传记》）

文中所描述的人就是杨靖宇。此时他已经在东北的白山黑水间，同日军战斗了7个年头。

为了"围剿"杨靖宇的部队，关东军调集日伪军警共7000多人，甚至还派出飞机支援。面对重兵围攻，杨靖宇让主力部队北上躲避"围剿"，自己则带领一支数百人的小部队，在山林中和日军周旋。经过一个多月的鏖战，杨靖宇身边最后两名战士也牺牲了。1940年2月22日的晚上，已经数日没有吃过一粒粮食的杨靖宇，只身

|人|物|档|案|

杨靖宇（1905—1940），原名马尚德，河南确山人。著名抗日民族英雄，东北抗日联军的主要创建者和领导人之一。

1932年，受党中央委托到东北组织抗日联军，历任抗日联军总指挥、政委等职，率领东北军民与日寇血战于白山黑水之间。

1940年2月23日，杨靖宇在冰天雪地、弹尽粮绝的情况下，孤身一人与大量日寇周旋，最后在濛江县壮烈牺牲。

一人来到了濛江县（今吉林省靖宇县）三道崴子的一个小低窝棚里。他就在那里度过了人生中最后的一个晚上，那天正好是正月十五，农历元宵节。由于叛徒的出卖，第二天上午杨靖宇迎来了他人生中最后一场战斗。当时杨靖宇与敌人相距不足30米，日军再一次对杨靖宇劝降。一份名为《东边道治安肃正工作》的侵华日军档案，记录下了杨靖宇的最后时刻。

"我们是通化的警察队……若是君能归顺，岸谷隆一郎厅长必会热切相迎，现在这个地方，要逃脱是不可能的了，何必急着去死呢，考虑一下归顺可好？"杨靖宇回答道："我珍惜自己的生命，但不可能如你所愿，很多我的部下都牺牲了，我如今只剩了自己一个人。虽临难，但我的同志们在各地转战，帝

杨靖宇遗物

国主义灭亡之日必将到来。我将抵抗到底，无须多说，开枪吧。"

1940年2月23日下午4点30分，杨靖宇胸中数弹，壮烈牺牲。岸谷隆一郎一直不明白，杨靖宇是如何生存下来的，于是令人剖开杨靖宇的胃，发现他的胃中只残存着未能消化的树皮、棉絮和草根。侵华日军档案《杨靖宇"讨伐"座谈会纪要》中这样记述道：

曾经统帅2000名部下的杨靖宇，结局未免过于悲惨了，从他的尸体上找到了6660元的抗联军费，是一笔巨款。而他却穿着破鞋和撕烂的衣服，胃里连一粒粮食都没有。

岸谷隆一郎也不得不承认，虽为敌人，睹其壮烈亦为之感叹，"大大的英雄"。

信仰：在烈火中永生

　　1949年10月1日，五星红旗在天安门前冉冉升起。新中国诞生的这一刻，远在2000公里外重庆的国民党秘密监狱里，300多位革命志士和进步人士，依然在用坚定的信念和无畏的勇气与敌人战斗。

　　江竹筠被转押至渣滓洞之后，特务为了从她口中得到重要情报，一个多月以来，一直没有中断对她的严刑审讯。这天夜里，江姐再一次被特务带走，同志们紧紧依偎在牢房的门口，静静地守候着。当时和江姐在同一牢房的曾紫霞这样回忆：

　　当江竹筠被提出女牢去审讯时，渣滓洞18间牢房的人没有片刻心安，有人把头伸出牢房风门口的洞在探望，有人在不断地设法打听情况，有人在向刚入狱的难友介绍江竹筠怎么不同于一般。（摘自曾紫霞《战斗在女牢》）

　　经过一整天的严刑逼供，江竹筠被押回牢房，她被折磨得人都变了形，竹签钉进江竹筠的指甲里，被整烂的10个手指，因过度的

坚定信仰

江竹筠与家人合影

伤痛近乎麻木了。然而，这样的折磨并未结束，但是江竹筠绝口不透露党的秘密。辣椒水、竹签、烙铁、老虎凳，这些酷刑没有让江竹筠软弱，即便重获自由的机会就摆在面前。《国民党西南长官公署二处情报课课长张界的审讯笔录》这样记述道："一个月左右的刑讯没有任何结果，徐远举最后叹息一声，共产党厉害就厉害在这些地方。"

黑牢里所有共产党人为之努力，并不惜付出生命的一个新中国，已宣告成立。而在重庆，国民党对革命志士的大屠杀还在进行之中。1949年11月14日，江竹筠等30人在电台岚垭被害，告别时江竹筠对狱友说："同志们，再见。"牺牲前江竹筠最后一封信被脱险的曾紫霞带出，那是她留给儿子的绝笔信。

许晓轩（1916—1949），江苏省江都人。

1931年九一八事变后，许晓轩积极投身到抗日救亡的洪流中。1937年全民族抗战爆发，他赴重庆，经沙千里介绍，参加了中国共产党领导的重庆职业互助会的活动。1939年春任中共川东特委青委宣传部长。1940年任重庆新市区委书记。1940年4月，由于叛徒出卖，许晓轩不幸被捕，后被押往贵州息烽集中营。1946年7月被押到白公馆监狱。1949年11月27日，重庆解放前夕，许晓轩被国民党杀害，年仅33岁。

对于这一天的到来，江竹筠早有准备，并且十分坦然，她在给谭竹安的信中写道：

假若不幸的话，云儿就送你了，盼教以踏着父母之足迹，以建设新中国为志，为共产主义革命事业奋斗到底。孩子们决不要骄（娇）养，粗服淡饭足矣。（摘自烈士江竹筠致谭竹安的信）

十几天后，国民党的又一次大规模屠杀开始了，许晓轩也在其中，此时的他已经在白公馆被关押了9年。被逮捕时，他与妻子姜绮华结婚仅6年，女儿许德馨出生刚刚8个月，牺牲前他在给妻子姜绮华的信中这样写道："我想到馨儿（许德馨）长大了，她长得很结实，比你我都强。她读我读过的书，做我做过的事，而且相当能干，一切不落人后……最后我还要请你少记挂我，多关心孩子，把希望多放在孩子身上。"

烈士蓝蒂裕留给自己孩子的遗物，是一首仅有76个字的诗。

你——耕荒，我亲爱的孩子；从荒沙中来，到荒沙中去。今夜，我要与你永别了。满街狼犬，遍地荆棘，给你什么遗嘱呢？我的孩子！今后——愿你用变秋天为春天的精神，把祖国的荒沙，耕种成为美丽的园林！（摘自烈士蓝蒂裕《示儿》）

烈士蓝蒂裕的长子蓝耕荒说："这76个字就像76个钉子牢

蓝蒂裕与家人合影

重庆歌乐山烈士陵园前的雕塑

牢地钉在我的心上，我是一刻都不能够忘记，他不是给我一个人的。如果我们忘记了他们对我们提出的这种希望，我们实际上就是背叛了他们。"

此时，距离重庆解放只有3天，渣滓洞里已经可以听见解放重庆的炮声，他们在黎明之前倒下。因为心怀信仰，坦然面对生死；因为心怀

坚定信仰

大爱，无悔血沃中华！

百年来，中国共产党一路走来，何其艰辛。仅从参加一大的代表各自的走向中就可以看到，有人退缩，有人叛党，有人牺牲，有人坚持。但中国共产党还是在一次次生死转折中，不断发展壮大，其间无数共产主义者为了理想奋不顾身。

1949年，新中国成立时，党员448万名，但从1921年到1949年的28年间，有姓名可查的革命烈士就有370多万。近代以来，没有哪一个政治团体像中国共产党这样，拥有如此众多为了信仰抛头颅、洒热血、前赴后继的奋斗者。

信仰：不懈奋斗的
力量之源

如果说，在"革命理想高于天"的年代诞生的英雄，为共产党人的信仰绘就了基本底色，那在"激情燃烧的岁月"中涌现出的榜样，则为共产党人的信仰构筑了新的精神高地。这些共产党人在各自的岗位上自觉奉献，有情有义，可亲可信。他们为人民服务的信念，就像寒冷时围在你脖子上的一条围巾，乏累时从你身旁伸过来的一双手。

"如果你是一滴水，你是否滋润了一寸土地？如果你是一线阳光，你是否照亮了一分黑暗？如果你是一粒粮食，你是否哺育了有用的生命？如果你是一颗最小的螺丝钉，你是否永远坚守着生活的岗位？如果你要告诉我们什么思想，你是否在日夜宣扬那最美丽的理想？"这篇日记的作者是雷锋，如果他活着，今年①已经81岁，当他离去的时候，22岁正是青春阳光般的年纪。直到今天，每年还会有一天是以他的名字、他的事迹命名的纪念日。1960年，雷锋如愿

---

① 文中出现的"今年"等类似表述均指2021年。

坚定信仰

穿上军装，成为一名解放军战士，并加入中国共产党。在雷锋的心中，黄继光、董存瑞、方志敏这样信仰坚定的共产主义者是他的榜样。他在日记中这样写道：

我学习了《毛泽东选集》一、二、三、四卷以后……我觉得自己活着，就

雷锋

是为了使别人过得更美好。我要以黄继光、董存瑞、方志敏等同志为榜样，做一个热爱祖国、热爱人民，永远忠于党、忠于人民革命事业的人。（摘自《雷锋日记》）

多年以后他也站在英雄的行列，成为一代又一代中国人的榜样。1962年8月15日，雷锋在指挥战友倒车的过程中，突发意外，因公牺牲。

1966年2月7日，中央人民广播电台播音员齐越正在播送一篇特殊的长篇通讯："现在播送《人民日报》记者穆青、冯健、周原采写的通讯《县委书记的榜样——焦裕禄》，一九六二年冬天，正是豫东兰考县遭受内涝、风沙、盐碱三害最严重的时刻……"稿子还没念到

一半，被焦裕禄事迹感动的播音员齐越已经泣不成声，"一位老贫农泣不成声地说出了三十六万兰考人的心声：'我们的好书记，你是活活地为俺兰考人民，硬把你给累死了。困难的时候，你为俺贫农操心，跟着俺们受罪，现在俺们好过了，全兰考翻身了，你却一个人在这里……'"这篇让齐越几度落泪的长篇通讯，也深深地感动了亿万听众。几乎所有的中国人都知道了"河南兰考"，知道了"焦裕禄"冒着风雪探民情，顶着病痛带领群众治"三害"的事迹。电影《焦裕禄》里的一个片段还原了人民的书记焦裕禄的心声："咱们当干部的，不能坐在家里围着炉子喝热茶，要心里想着群众。"

1964年5月14日，积劳成疾的焦裕禄因肝癌病逝于郑州，年仅42岁。临终前，他对组织提出了唯一的要求："把我运回兰考，埋在沙堆上。活着我没有治好沙丘，死了也要看着你们把沙丘治好。"

1966年2月7日，《人民日报》发表社论《向毛泽东同志的好学生——焦裕禄同志学习》。就在这一年，一名正在上初中一年级的学生在政治课上听老师读《县委书记的榜样——焦裕禄》这篇报道，受到了深深的震撼。24年后的1990年7月16日，他在《福州晚报》上发表了一首纪念焦裕禄的词：

中夜，读《人民呼唤焦裕禄》一文，是时霁月如银，文思萦系……

魂飞万里，盼归来，此水此山此地。百姓谁不爱好官？把泪焦

坚定信仰

桐成雨。生也沙丘，死也沙丘，父老生死系。暮雪朝霜，毋改英雄意气！

依然月明如昔，思君夜夜，肝胆长如洗。路漫漫其修远矣，两袖清风来去。为官一任，造福一方，遂了平生意。绿我涓滴，会它千顷澄碧。（摘自《念奴娇·追思焦裕禄》）

这首词的作者就是时任福州市委书记的习近平，词中所提"焦桐"，正是焦裕禄在兰考治理沙丘时亲手栽种的一棵泡桐树。兰考百姓为了缅怀焦裕禄，把这棵泡桐亲切地称为"焦桐"。

50多年来，不管时代怎样变迁，焦裕禄精神始终不曾改变，人民对他的怀念不曾停止，犹如这棵"焦桐"，"绿我涓滴，会它千

1966年2月，《人民日报》发表社论，号召向焦裕禄学习

顷澄碧"。

是什么样的力量，让人对这支队伍充满向往，想要加入她？也许从这一份份入党申请书中，我们会找到答案。

"两弹一星"元勋钱学森在他的入党申请书中这样写道："我回国近三年来受到党的教育，……使我体会到党的伟大，党为实现共产主义社会这一目标的伟大，我愿为这一目标奋斗并忠诚于党的事业。"

物理学家钱临照院士在74岁的时候申请加入中国共产党："为什么我在此时刻申请入党？……我的年龄确实大了些，但还想以有生之年在党的领导下，接受党的教育，能为人民做些事。为人民尽忠是不限年龄的。"

钱学森

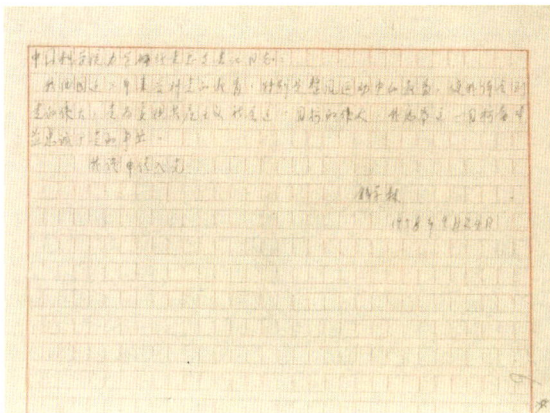

钱学森入党申请书

钱临照入党申请书

川航的英雄机长刘传建说："只要履行了自己的职责和担当，把自己的工作干好、做精，就是英雄。"

在上海的里弄中一干就是30年的水电修理工徐虎说："辛苦我一人，方便千万家。你不奉献，我不奉献，谁来奉献？你也索取，我也索取，向谁索取？"

他们身份不同，工作不同，年龄不同，阅历也不相同，但是因为有着共同的信仰，他们不计得失，甘愿奉献自己。

"我宣誓，我志愿加入中国共产党，拥护党的纲领，遵守党的章程，履行党员义务，执行党的决定……随时准备为党和人民牺牲一切，永不叛党。"青春向党，当一群年轻人的入党誓词在橘子洲头响起，我们不由想起，100多年前，李大钊在文章《青春》里写下这样的愿景："吾愿吾亲爱之青年，生于青春，死于青春，生于少年，死于少年也……进前而勿顾后，背黑暗而向光明，为世界进文

年轻人在橘子洲头庄严宣誓

明，为人类造幸福。以青春之我，创建青春之家庭，青春之国家，青春之民族，青春之人类，青春之地球，青春之宇宙，资以乐其无涯之生。"这种亘古常青的"青春"之气，就是中国共产党敢为人先，无畏艰险，开拓进取的浩然之气。

如果时间可以倒流，我们多么希望能见到以笔为刀，以身躯为盾，以碧血丹心化作漫天云霞的先辈们，带他们看看今天的中国，五星红旗正迎风飘扬，到处都有孩子们的笑脸，告诉他们，这盛世中国，如您所愿！

坚定信仰

| 学 | 有 | 所 | 悟 |

"坚守崇高信仰，炼就金刚不坏之身"

习近平同志在中央党校2010年秋季学期开学典礼的讲话中指出："革命战争年代，革命先烈在生死考验面前所以能够赴汤蹈火、视死如归，就是因为他们对崇高的理想信念坚贞不渝、矢志不移。毛主席一家为革命牺牲6位亲人，徐海东大将家族牺牲70多人，贺龙元帅的贺氏宗亲中有名有姓的烈士就有2050人。革命前辈们为什么能够无私无畏地英勇献身？就是为了实现崇高的革命理想，为了坚守崇高的政治信仰，为了在中国彻底推翻黑暗的旧制度，为了实现民族独立和人民解放。"习近平同志讲述的革命先烈感天动地的革命事迹，极大地激励着我们坚定理想信念，深深筑牢信仰的基石。

中共十八大开启中国特色社会主义新时代。2012年11月29日，党的十八大闭幕后，习近平总书记带领中央政治局常委和中央书记处的同志第一次集体活动，参观国家博物馆的《复兴之路》展览。当看到陈列柜中的《共产党宣言》第一版中文译本时，习近平总书记讲述了陈望道专心翻译《共产党宣言》时，误把墨水当作红糖水吃掉而浑然不觉的故事。这就是信仰的力量——陈望道在翻译《共产党宣言》的过程中，真真切切地感受到了真理的力量，为此翻译

《共产党宣言》达到废寝忘食的境界。

中国特色社会主义新时代，习近平总书记多次号召要"坚守崇高信仰，炼就金刚不坏之身"。2012年11月17日，中共中央政治局集体学习时，习近平总书记强调："坚定理想信念，坚守共产党人精神追求，始终是共产党人安身立命的根本。对马克思主义的信仰，对社会主义和共产主义的信念，是共产党人的政治灵魂，是共产党人经受住任何考验的精神支柱。形象地说，理想信念就是共产党人精神上的'钙'，没有理想信念，理想信念不坚定，精神上就会'缺钙'，就会得'软骨病'。"共产主义信仰是共产党人的命脉和灵魂，是革命事业无坚不摧的力量。习近平总书记的论述是对共产党人坚定信仰的深刻总结。陈望道废寝忘食翻译《共产党宣言》，误把墨水当作红糖水吃掉，为的是信仰。瞿秋白从容就义，视死如归，为的是信仰。周文雍、陈铁军在刑场上举行"婚礼"，宁死不屈，因为心中有信仰。对方志敏、刘畴西、胡天桃来说，为了信仰而牺牲，是无上的光荣。杨靖宇食不饱腹，衣不遮体，舍生忘死，坚持东北抗日游击战争，也是为了信仰。著名科学家钱学森名誉、地位都有，还要加入中国共产党，因为心中有信仰。川航英雄机长刘传建在危急关头沉着冷静，战胜突如其来的困难，因为心中有信仰。水电修理工徐虎持之以恒，全心全意为人民服务，因为心中有信仰。

"坚定信仰"篇章，以百年党史为背景，通过讲述革命、建

坚定信仰

设、改革和新时代各个历史时期优秀共产党员坚持理想信念、发挥先锋模范作用、保持先进性和纯洁性的感人故事，深刻阐述了中国共产党人的核心价值观。主题鲜明突出，以人带史、以事论理，将展现历史进程、发掘党史人物、阐述创新理论较好地结合起来，体现了较强的政治性、思想性、通俗性和可读性。

习近平总书记指出："人民有信仰，国家有力量，民族有希望。要提高人民思想觉悟、道德水准、文明素养，提高全社会文明程度。广泛开展理想信念教育，深化中国特色社会主义和中国梦宣传教育，弘扬民族精神和时代精神，加强爱国主义、集体主义、社会主义教育，引导人们树立正确的历史观、民族观、国家观、文化观。"中国共产党成立以来，带领全国各族人民，把中国从一个积贫积弱、任人宰割的国家发展成为世界第二大经济体；中华人民共和国欣欣向荣，巍然屹立在世界的东方；中华民族扬眉吐气，自立于世界民族之林；中国人民万众一心，众志成城，全面建成小康社会，正是因为共产党人具有坚定不移的共产主义理想信念。中国共产党百年奋斗，在遭受挫折时力挽狂澜，在风险危难中绝处逢生，靠的就是坚如磐石的理想信念，靠的就是砥砺前行的坚定信心。习近平总书记说："无论过去、现在还是将来，对马克思主义的信仰，对中国特色社会主义的信念，对实现中华民族伟大复兴中国梦的信心，都是指引和支撑中国人民站起来、富起来、强起来的强大精神力量。"

"人民有信仰，国家有力量，民族有希望。"实现中华民族伟大复兴的中国梦，物质财富要极大丰富，精神财富也要极大丰富。始终不渝地坚持共产主义理想信念，坚定不移地把中国特色社会主义推向前进，要继续锲而不舍、一以贯之，抓好社会主义精神文明建设，为全国各族人民不断前进提供坚强的思想保证、强大的精神力量、丰润的道德滋养。

坚守信仰，中国人民将在实现中华民族伟大复兴中奋勇前进。

（本篇作者：薛庆超）

第二章

人民至上

人民至上

一个多世纪以前，中国正处于民族危亡的紧要关头，一批又一批变革者在思考着同一个问题：中国将何处去？对他们中的大多数而言，人民是要改造、要拯救的对象，但不是推动这场革命的关键力量。只有中国共产党坚定地认为：群众是真正的英雄，人民是力量之源。也正因如此，这个最开始只有50多名成员的政党，最终留在了历史舞台的中央。

毛泽东曾这样说：

我们共产党人好比种子，人民好比土地。我们到了一个地方，就要同那里的人民结合起来，在人民中间生根、开花。（摘自《毛泽东选集》）

百年来，中国共产党始终为了人民，紧紧依靠人民，坚持以人民为中心，党和人民经历过一个又一个艰难时刻，而每次都能同心协力共渡难关……

同心战"疫"

2019年底的武汉，救护车的警报声打破了安静的夜空，武汉不明原因肺炎疫情引发了各界的关注……

12月的武汉金银潭医院里，院长张定宇刚刚结束与冬季甲型流感的抗争。此时的他并不知道，一场巨大的挑战即将到来。

一个月后的2020年1月28日，习近平总书记在北京会见世界卫生组织总干事谭德塞时讲道："对中国人民来说，我们现在正在进行着一场严肃的斗争。中国政府高度重视，因为政府的宗旨就是把人民的生命安全、身体健康放在最高位置上。"

新冠病毒席卷全球。因为政府高度重视，中国率先控制住了疫情，但也有些国家的公共医疗系统在病毒面前几近崩溃。

而当时的武汉，集中出现了全国第一批患者，形势愈发严峻，这使得张定宇他们超强度的工作，一刻也停不下来。

在一次采访中，武汉金银潭医院的党委书记王先广讲起张定宇，十分动容："他有一次下楼的时候差一点摔下去，因为他的腿没有支撑能力。"

人民至上

除了党委书记王先广，全院上下没有人知道，一瘸一拐的张定宇早就被确诊为运动神经元病，也就是人们常说的"渐冻症"。这是一种罕见的绝症，目前尚无药可医。张定宇曾说，如果幸运的话留给他的时间还有10年。

张定宇的妻子在武汉第四医院工作。就在张定宇拖着病腿，带领全院医护人员救治患者的时候，他的妻子感染了新冠病毒正在接受隔离治疗。而分身乏术的张定宇，不能像其他家属一样陪在妻子身旁。他对记者说道："这（里）有800多号人你要带领，这（里）还有几百个病人等着你，你这会儿说我不行了，我家里头还有什么事情。没太多取舍，不需要我做取舍。"

就在张定宇他们最困难的时候，346支国家医疗队、4.26万名

|人|物|档|案|

张定宇，1963年12月出生于湖北省武汉市，现任湖北省卫生健康委员会党组成员、副主任、公共卫生总师。

2020年8月11日，国家主席习近平签署主席令，授予在抗击新冠肺炎疫情斗争中作出杰出贡献的人士国家勋章和国家荣誉称号，张定宇被授予"人民英雄"国家荣誉称号。

联合医疗队驰援武汉

医务人员和960多名公共卫生人员驰援湖北。

"支援武汉，共同进退，加油！"机场上，联合医疗队准备完毕，只等一声"出发"的号令。

此时的张定宇，也决定不再隐瞒自己的病情。他的想法是："想告诉我们的病人，也告诉我们的同事，共产党有我们这样的一些医生，有这样的院长，他在自己也很艰难的情况下，还是不会退缩，我们肯定能够打败这场病毒（瘟疫）。"

正如张定宇所言，"我们肯定能够打败这场病毒（瘟疫）"。当2020年4月8日零点的钟声敲响，长江二桥的灯光打出了"武汉重启，不负春天"8个大字，随着一声"解封"的放行令，被管控76天的武汉打开大门，浴火重生。

人民至上

武汉重启

　　人们不会忘记，在这场全民抗疫中，曾有上百万白衣天使坚守在前！人们不会忘记，84岁高龄还逆行武汉的钟南山教授，为了疫苗研发与时间赛跑的陈薇团队和那些志愿试药的"无名英雄"！人们不会忘记，年过七旬的张伯礼由于超负荷工作胆囊炎复发，不得不接受微创胆囊摘除手术，他开玩笑说道："这回我把胆留在了武汉，更加与武汉市民肝胆相照了！"当然，更有那些为了守护别人的健康付出自己生命的烈士，人们会永远铭记。

　　援鄂医护人员离开时，武汉市民自发地一路相送，千言万语化作一句含泪的祝福："白衣天使们，一路平安，谢谢你们！"

永不褪色的雕像

遵义市凤凰山红军烈士陵园有一座特殊的铜制雕塑，这是当地老百姓对于一位红军卫生员的纪念。

1935年1月，红军长征到达遵义东南桑木垭一带，一位年轻的红军卫生员曾为许多疾病缠身又没钱医治的农民看病。如此一传十、十传百，方圆几十里的老百姓都来找他。直到有一次，他翻山越岭

红军卫生员铜像

人民至上

为乡亲治病，结果闻讯赶来的人越来越多，导致他没能及时归队。当他返回驻地时，部队已经紧急转移，只留下了一张字条。但不幸的是，他在追赶部队的途中被敌人杀害了。

乡亲们悄悄地掩埋了这名红军卫生员的遗体，因为不知道他的姓名，只好在墓碑上刻上了"红军坟"3个字。此后常有百姓到他的坟前烧香祭拜，并在附近采一些草药，有些人服下后病情还有所好转。于是乡亲们认为是红军卫生员显灵了，久而久之，这位红军卫生员便成了当地老百姓心中保佑平安的"红军菩萨"。

1953年，当地政府征得当地老百姓的同意，将"红军坟"迁入陵园，并建造了这座铜像。而人们祭拜的习惯却没有改变，几十年来，这里香火不断，人们纷纷传颂："摸了铜像的脚，可以治病消灾。"因为摸的人太多，有些地方已经面目全非，于是在2013年，

红军坟

铜像再次重塑，几年时间，铜像的手脚又变得发亮。

而关于这个红军战士的身世之谜，直到1965年才解开。中国人民解放军第三军医大学原校长钟有煌途经此地，在听说了"红军坟"的来历后，突然想起30年前，他所在的红三军团五师十三团在撤离遵义"四渡赤水"前，二营卫生员龙思泉因外出为群众看病没能随部队转移，从此下落不明。最终经过多方考证，确认"红军坟"里长眠的正是龙思泉，他的一生也终于完完整整地为世人所知。

龙思泉，生年不详，中国共产党党员，广西百色人，1929年曾参加百色起义，1935年为了给老百姓看病牺牲于遵义。

半条被子

1984年11月14日的《经济日报》头版上，刊登了这样一篇文章：《当年赠被情谊深　如今亲人在何方——徐解秀老婆婆请本报记者寻找三位红军女战士下落》。

1934年11月，中央红军突破国民党第二道封锁线后，来到湖南省汝城县沙洲村，三位红军女战士曾短暂借住在徐解秀家中。

如今徐解秀故居已经成为当地有名的红色教育基地，徐解秀的

1984年11月14日《经济日报》刊登的《当年赠被情谊深　如今亲人在何方——徐解秀老婆婆请本报记者寻找三位红军女战士下落》

徐解秀故居

孙子在故居里担任故事解说员："这就是红军长征期间，三位女红军跟我奶奶一起住过的房子……"

当年，她的家一贫如洗，连一床完整的被子都没有。正值寒冬，三位女红军在急行军中丢弃了行装，只留下一条棉被，晚上徐解秀就和她们挤在一张床上，合盖这一条被子。

临别之时，她们仨决定把这唯一的被子留下来，但徐解秀说什么也不肯接受。于是其中一人找来一把剪刀，把被子剪成两半，留下半条给徐解秀，并对她说："等革命成功以后，一定要送你一条完整的新棉被。"

很遗憾，当时的半条被子如今已不见踪影。

人民至上

原来，红军离开沙洲村后，追来的敌人对全村人严加拷问，还搜走了那半条被子。尽管如此，徐解秀对此事还是记挂半生，而对她来说，最大的遗憾可能是，直到去世也没能等到几位女战士平安归来的消息。

事实上，当时在很多地方，老百姓对于共产党的了解甚至源于国民党的宣传，在敌人口中，共产党人"杀人放火无恶不作"。然而谣言就这样不攻自破，徐解秀曾这样说："共产党就是自己只有一条被子，也要给穷苦人半条的人。"

后来，有人做过统计，在汝城县的19天里，全县12万人中，为红军挑担、带路、打过掩护的拥军老百姓就有1.5万人，也许正是因为曾有许多类似"半条被子"的故事在这里发生。

一张欠条

"（胡）运海，还在吃饭？"1996年的春天，距离沙洲村不远的官亨村里停下来两辆吉普车，几个干部模样的人走进一座土黄的小屋，屋里破旧简陋，带头的干部跟正在吃饭的主人亲切打招呼。

原来，这位村民叫胡运海，他刚从祖屋里发现了一张泛黄的字条。"今借到胡四德伯伯稻谷壹百零伍担，生猪叁头，重量伍百零叁斤，鸡壹拾贰只，重量肆拾贰斤。中国工农红军第三军团，借据人叶祖令。"字条里提到的胡四德正是胡运海的祖父。

村干部将情况上报后，经查实，这张字条是1934年11月红军长征

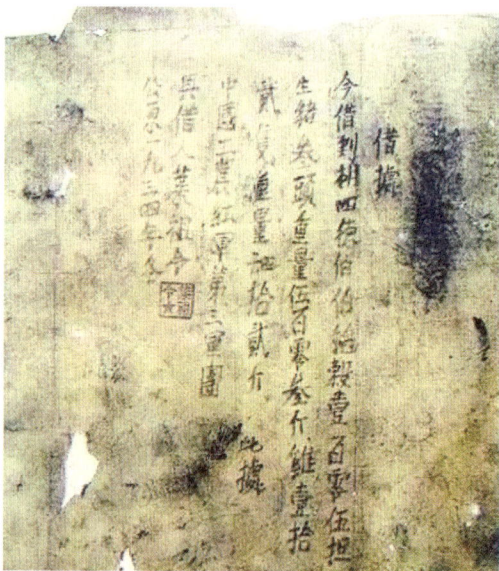

红军写下的借条

人民至上

路经此地留下来的借据。当时红军战士们已经几天几夜没有进食，有的甚至晕倒在路边。看到红军这样艰苦，仍纪律严明，不惊扰百姓，村民胡四德召来族人，为红军筹粮。非常时期，红军战士们只好先打下借条。

然而，红军第三团司务长叶祖令，于1934年12月英勇牺牲，而胡四德自始至终将这张借条藏在自家厨房的墙壁里，不曾向后人透露过一个字。所以直到胡运海意外地发现这张借条，这段历史才浮出水面。

借条上报后，当地政府决定兑现当年的承诺，还隆重举行"中国工农红军第三军团长征途经汝城借据兑现仪式"。当地民政等部门按照借条中所列物资的时价折算成1.5万元进行归还，而当时全村的人均年收入还不到1000元。

"请胡四德的孙子胡运海同志上来。"在全村老少村民的见证下，胡运海上台，他颤抖地撕开包着1.5万元的红纸，并将其中1万元捐给了村里。

胡运海家并不富裕，但他认为，当年红军借的是全村人的粮，所以补贴不能独占。因此他拿出1万元来修缮校舍，希望村里的孩子们能好好上学。

台下响起了村民和孩子们热烈的掌声。

红星照耀中国

这是毛泽东最广为流传的照片之一，它的拍摄者正是《红星照耀中国》的作者——美国记者埃德加·斯诺。关于长征，他在书中这样写道：

在某种意义上来说，这次大规模的转移是历史上最盛大的武装巡回宣传……现在有千百万的农民看到了红军，听到了他们讲话，不再感到害怕了。红军解释了土地革命的目的，他们的抗日政策……在漫长的艰苦的征途上，有成千上万的人倒下了，可是另外又有成千上万的人……参加进来充实了行列。

埃德加·斯诺为毛泽东拍摄的照片

人民至上

1936年，他终于如愿以偿地进入红区，也就是共产党的腹地去一探究竟。埃德加·斯诺在陕甘苏区采访、考察了近5个月，他在这里的行动不受任何限制，从红军领袖、将领，到广大干部、群众，斯诺广泛接触各类人员，并将他的亲身经历与所见所闻整理成册，中国共产党、工农红军和西北苏区的真实形象得以向全世界传播。他在《红星照耀中国》中这样写道：

他们喜欢红军吗？我问他们。他们真的感到有些奇怪地看看我。他们两人显然都从来没有想到过会有人不喜欢红军的。

此后，延安就像是一块巨大的磁石，深深吸引着数以万计追求进步、有理想有抱负的知识青年。诗人何其芳曾这样描述：

延安的城门成天开着，成天有从各个方向走过来的青年，背着行李，燃烧着希望，走进这城门。学习、歌唱，过着紧张的快活的日子。（摘自何其芳《我歌唱延安》）

一场饥荒　两种景象

在延安，毛泽东写出著名的《论持久战》，"战争的伟力之最深厚的根源，存在于民众之中"。13年间，中国共产党将群众路线在践行中不断完善。

"正月里来是新春……"1942年，陕甘宁边区的老百姓正在庆祝着一场来之不易的丰收。当时，这里刚刚经历了严重的自然灾害，粮食供应一度陷入极其紧张的局面。为了与老百姓共渡难关，

1942年，陕甘宁边区百姓庆祝丰收的场景

人民至上

陕甘宁边区党政军民一道向荒山要粮，从中央领导同志到每一个干部、战士，人人开荒种地，个个纺线种菜，到1943年基本实现了自给自足。

而几乎在同一时期，几百公里之外，国民党治下的河南也经历了一场灾荒，但那里却是截然不同的一番景象。

这些河南大饥荒的照片来自美国《时代》周刊的驻华记者白修德，他在给朋友的一封信中这样写道："那些事情至今我也难以相信，哪怕战争结束后我也不能原原本本告诉别人。军队强行从农民那里抢走粮食；饥民卖掉孩子来交税；路上到处都是尸体……重庆政府根本没派人到灾区的中心郑州进行独立的实地调查。中央政府为河南提供的赈灾资金是两亿元。我试图了解其下落——实际上

1942 年，河南大饥荒照片

它们根本没有到达灾民手中。"白修德将自己的所见所闻都记在了《走进中国：美国记者的冒险与磨难》一书中。

白修德的见闻，揭开了国民党与人民背道而驰的冰山一角。抗战胜利后，沦陷区人民等来的却是另一场灾难。国民党接收大员巧取豪夺、借机敛财，坊间流传着这样的民谣："盼中央，望中央，中央来了更遭殃。"1945年9月27日《大公报》发表社评，"二十几天时间，几乎把京沪一带的人心丢光了"。

人们开始思考一个问题，国民政府的抵抗，到底是为了保护人民，还是保住剥削人民的权力。而另一方面，抗战期间，中国共产党党员从4万发展到121万，越来越多的人做出了自己的选择。

1946年，国民党置国内外舆论于不顾，悍然发动内战，四万万中国人来不及喘息，又被迫卷入战争中来。1946年11月，在中共和谈代表团离开南京返回延安的当天，代表团成员之一的李维汉在日记里写下了这样一句话："国共谈判破裂了，但我党满载人心归去。"

人民的胜利

　　淮海战役，是解放战争中规模最大、最为激烈、歼灭敌军数量最多的一次战役，也是决定中国命运的一次大决战。如今世界各国的军事院校，都将其列为战争史上的经典。陈毅元帅在淮海战役后有一句名言，"淮海战役的胜利，是人民群众用小车推出来的"。

　　唐和恩，山东解放区的一个普通农民。1948年，他和无数解放区的老百姓一样，迎来土地改革后的第一个丰收年，刚刚吃上一顿

淮海战役中，人民群众支援前线的场景

饱饭，但此时的他们正毫无保留地将这些刚刚到手的粮食装上小推车，送到解放军手中，军队打到哪里，他们就跟到哪里。

唐和恩有一根随身携带的小竹竿，这是他以前讨饭时使用的工具。在支援前线的途中，他每到一处就用针在竹竿上刻下地名，就这样，他的小竹竿上一共留下了88个城镇、村庄的名字，支前队伍的足迹遍布山东、江苏、安徽三省，行程约2500公里。

刘瑞龙，淮海战役期间担任华东野战军后勤部长。他在《刘瑞龙文集》中回忆道：这些支前民工甚至比行军打仗的战士们还要辛苦。当时，每辆小推车上装运的小米、白面就包括支前民工吃的口粮，但是大家却从不动车上的一粒粮食，而是吃自己从家里带的红高粱、红辣椒和红萝卜咸菜，民工们称之为"三红"。省下的粮食全都送到解放军的阵地上。

石连生，是支前担架队的一员。当时正值隆冬季节，天寒地冻，临行前，妻子特意为他做了一件过膝棉衣，希望能帮他抵御前

唐和恩和他的小竹竿

人民至上

线的严寒。然而当战争结束他回到家时，这件棉衣已经面目全非，只剩下一半，腰以下只能看见残破的下摆和染着血迹的棉絮。

后来，石连生的妻子才知道，他在前线抢救伤员时，有一次看到受伤的战士血流不止又不能得到及时的救治，情急之下就从新棉衣的下襟处撕开一个大口子，扯下棉花，为伤员擦去泥土和血污，撕下一块布来为他包扎止血。就这样，这件长棉衣成了一个又一个战士的"救命稻草"，而它也在不断变短、变薄。

在60万解放军身后，浩浩荡荡地跟着543万这样的老百姓，他们为解放军送物资、运伤员，他们用身体作掩护，用自己喝水的瓢给伤员接屎接尿，甚至在自己受伤后，仍然坚持完成伤员的转运任务。

与之相应的，人民群众对国民党军队的态度却截然不同。被俘的国民党十八军军长杨伯涛后来在回忆录（《杨伯涛回忆录》）中讲述了被俘后看到的情景：

一辆辆大车从面前经过，有的车上装载着宰好刮净的肥猪，想是犒劳解放军的。我以前带着部队经过这些地方时，连一撮猪毛都没看见，现在怎么有了，真是怪事。通过村庄看见解放军和老百姓住在一起，像一家人那样亲切……除了所穿的衣服，便衣和军装制式不同外，简直分不出军与民的界限……我们这些国民党军队将领，只有当了俘虏，才有机会看到这样的场面。

翻 身

民心所向，胜之所往。什么代表着广大人民的利益？没有人比共产党人更了解这个问题。

正如毛泽东所言："谁赢得了农民，谁就会赢得中国；谁解决

1947 年，中国共产党颁布的《中国土地法大纲》

人民至上

了土地问题，谁就会赢得农民。"

超过七成的土地在不到一成的地主和富农手里，是症结之所在。

从第一个根据地的建立，共产党制定土地法，掀起土地革命的风暴，多年来为解决老百姓吃饭问题付出了不懈努力。1947年7月，中共中央工委在西柏坡召开全国土地会议，总结多年来土地工作的经验，通过《中国土地法大纲》，实现"耕者有其田"。

70多年来，中国用全球9%左右的耕地养活全球20%的人口。2004年至2021年连续18年，中央发布以"三农"为主题的中央一号文件，对于农村问题共产党人从未忽视。土地问题，也从温饱问题过渡到发展问题，中国共产党人从没有忘记广大人民群众的权益。

九八抗洪

　　无论战争年代还是和平时期，危难时刻总是共产党员冲锋在前。在每一个危难关头，人民群众需要时，总有那么些人会挺身而出。

　　"三连、四连，上！"一声号令，一个个年轻的身影奋不顾身跳进水里与激流抗争。那是1998年，长江流域发生了百年一遇的特大洪涝灾害。

1998 年抗洪场景

荆江大堤上，20岁的李向群正和战友们一起手拉手筑起人墙保护着大堤。此时的他早已多处负伤，右脚踝关节还有一道4厘米长的口子，但这并不能阻挡他一次又一次扛起沙袋，冲向泥泞的洪水之中。

这是李向群入党的第三天，就在3天之前，连队终于批准了他的入党申请，他们在大堤上做出了"人在堤在，誓死保卫大堤"的庄严承诺。当天晚上，他就在救生衣上写下了"全力以赴"4个大字，而在生命的最后几天，尽管他知道自己的身体状况越来越差，但他带病坚守一线，从未辜负自己的诺言。

1998年8月21日，也是李向群入党后的第8天，他发着40度的高烧，和肩上的沙袋一起第四次摔倒在大堤上，鲜血从他的鼻孔中喷涌出来。谁也没有想到，这是

| 人 | 物 | 档 | 案 |

李向群（1978—1998），海南琼山人。1996年12月入伍，原广州军区某集团军"塔山守备英雄团"九连一班战士。1998年8月5日，他随部队赴湖北荆州抗洪抢险，他带病坚持抢险，先后四次晕倒在大堤上，终因劳累过度，抢救无效，于1998年8月22日壮烈牺牲，年仅20岁。

他人生中扛的最后一包沙袋。

往堤上送水的55岁的唐书秀，急忙用自己的银戒指为他刮痧："我想给他刮，但就是刮不好。他抽筋，就是脚手抽筋。我看到他那样，心里隐隐地疼。"

年仅20岁、参军20个月、党龄只有8天的李向群，在自己的健康和人民群众的安危之间做出了选择。在他走后，李向群的父亲穿着儿子的军装，加入了抗洪抢险的队伍，夫妇俩拿出2000元，替儿子交了第一次也是最后一次党费，并把他的骨灰撒在他生命中最后战斗的地方。

1998年，抗洪胜利之后，火车缓缓开动，整装上车的战士们依依不舍地朝着站台上的战友、老百姓、记者们挥手致意。人群中

含泪送别抗洪战士的董万瑞

人民至上

一名皮肤黝黑的将军，看着火车上归去的士兵，百感交集，潸然泪下。他就是长江抗洪抢险总指挥董万瑞，他曾这样说："你要我讲人民子弟兵中有多少英雄，我说不清。但我可以告诉你，他们中每一个人都是英雄，都有一串催人泪下的故事……"

十五勇士

"同志们，党和人民考验我们的时刻到了，灾情就是命令！"2008年5月14日，汶川地震发生46小时后，空军15名伞降队员从4999米的高空完成惊天一跳。

此时，位于震中地带的茂县已成"孤岛"，空降兵成了进入灾区了解灾情的最后希望。在执行任务之前，他们写下了这样的请战书："我愿意付出自己的一切，去挽救灾区人民的生命，实现我们军人的价值。"

空降兵队员跳伞的场景

最后一课

当余震一次次发生，解放军官兵在山石滚落的山路上急速前进赶去救援时，四川德阳东汽中学的老师张关蓉，正在四处打听自己的丈夫谭千秋的消息。

接受记者采访时，张关蓉讲述着当时的情形："我跑去到处找，学生都说没有看见他，高二（1）班的人也说没有几个出来，当时我就觉得，肯定是埋在里面了。然后我就到倒塌的教学楼里去喊，到处去喊谭千秋、谭千秋。"

地震发生时，张关蓉的丈夫谭千秋就在坍塌的教学楼里上课。她和许多人一样，在操场上等待着奇迹，天空下起了雨，但没有人愿意离去。

突然，在四楼顶上发现了生命迹象，救援队员发现了一名幸存的女学生。而张关蓉知道，那里就是自己丈夫所在的教室，但她并不知道即将出现在她眼前的是震撼整个中国的一幕。

他们看见一个中年男子像铺开一个"大"字一样，身下死死地护着4名学生，他的后脑被砸得已经严重变形，但4名学生全部

谭千秋（1957—2008），湖南省祁东县人，中共党员。生前系东方汽轮机厂所属东汽中学学生工作处主任，四川省特级教师。

2008年5月12日，在汶川地震中遇难，后被追授全国抗震救灾优秀共产党员、抗震救灾英雄等荣誉称号。2009年被评为"100位新中国成立以来感动中国人物"之一。

获救，而这个紧紧护着学生的男子，就是谭千秋。

时至今日，回忆起来，张关蓉仍然泪如雨下："那天晚上我摸他，他是软的，也就是说他根本就没死多久，他在里面待了30多个小时。每次我在心里去体会，他在里面怎么过的，我就觉得特别难过，很怕见到被他救的那几个孩子，很怕他们说起他在里面怎么样怎么样度过的，我就很怕这个，很怕见他们。"

在东汽中学2009年编辑成册的《痛定思痛》里，幸存学生的回忆文章，给我们重现了地震那一刻的场景：

"有人开始往外跑，老师大声喊道：'地震！同学们别慌！……'教室又一次开始晃动，谭老师扶着讲桌，大声说：'快！躲到桌子下面去。'""我望着谭老师，他做了一个趴下的手势。"

"爸爸、爸爸——"谭千秋去世时，那个用稚嫩的声音叫着爸爸的小女孩只有一岁。

谭千秋很爱孩子，就在地震前一天，他还给小女儿买了两双鞋子、一条裤子，但在生死抉择的那一刻，不知道这个51岁的共产党员想起的是谁。

第一书记

我遇到山洪了，两头都走不了，雨越下越大，请为我祷告吧。

这是2019年6月16日晚上，广西百色百坭村第一书记黄文秀给家人发的一条信息，也是她发给家人最后的信息。这一天，黄文秀回到老家看望重病的父亲。但为了参加第二天一早的扶贫工作会议，她决定连夜赶路，而她年仅30岁的生命也定格在了这条路上。

党的十八大以来，有300多万名第一书记、驻村干部走进祖国各地的深沟巨壑，黄文秀就是其中之一。如果说百色是全国脱贫攻坚的主战场之一，那么百坭村则是那座最难啃的山头。

2018年3月26日，黄文秀主动申请来到这里担任第一书记。然而就像几十年前，红军刚开始接触老百姓时也遇到过困难一样，乡亲们对于一个年轻的女孩子可以带领大家脱贫致富，同样心存怀疑。她在《扶贫，从"新手"到"熟路"》的文章中写道："要想让老百姓愿意接近我，就得让老百姓觉得我和他们是一样的。"

为了拉近和老百姓的距离，黄文秀学会了当地的桂柳方言，端

黄文秀生前去村民家走访

起了搪瓷缸，喝上了玉米酒，帮老百姓解决大小问题。为了彻底挖掉穷根，她带领乡亲们发展产业。2018年，黄文秀所在的村子脱贫人数全镇第一，此时的黄文秀有了更多的想法，她在日记中写道：

　　我有许多的想法，给百坭村设计一首村歌，就用那首名叫《成都》的民谣的调子，但真的水平有限，一直填不出词。

　　或许因为忙，歌词没有填出来，但黄文秀却带着大伙给百坭村添上了几道风景：蓄水池、篮球场、硬化的道路、明亮的街灯。大家信赖她，都想跟着这位第一书记做更多的事情，然而，黄文秀却不幸遇难。

人 物 档 案

黄文秀（1989—2019），女，壮族，中共党员，出生于广西壮族自治区百色市田阳区巴别乡德爱村多柳屯，生前系广西壮族自治区百色市委宣传部副科长、派驻乐业县新化镇百坭村第一书记。

2019年7月，中宣部追授黄文秀"时代楷模"称号；2021年2月，她被授予"全国脱贫攻坚楷模"称号；2021年6月，被授予"七一勋章"。

听闻这位总是一脸笑容的第一书记突然遇难，村民一时难以接受，百坭村的村民梁家忠说："她怎么不在呢？怎么不在呢？"黄美线则一说起来就抹眼泪："这个人本来好好的，为什么？"村民班统茂哽咽道："我们还没有来得及跟她说声谢谢。"更多的村民则跟韦乃情有着一样的心里话："文秀书记，谢谢你！"

在生前的影像里，黄文秀留下了阳光般的笑脸，以及对于乡村振兴的梦想和决心："乡村振兴关键在青年，希望大家多多关注农村发展，多多支持农村工作。""作为青年一代，我们责无旁贷，不获全胜，决不收兵。"

1944年，29岁的张思德在陕北后方的劳动生产中牺牲，毛泽东在演讲中说道："张思德同志是为

人民至上

人民而死的，他的死是比泰山还要重的。"2021年，中国终于实现消除绝对贫困，而在脱贫攻坚决胜阶段，有1800多人牺牲在这个没有硝烟的战场上。回顾过往，更有无数共产党员在实现这个千年梦想的道路上留下过足迹，献出了生命，他们为"为人民服务"一词添加了更为详细的注解。

他们是人民的公仆，"心里装着全体人民，唯独没有他自己"

焦裕禄

孔繁森

杨善洲

郑九万

沈浩

谷文昌

（这样的他是原河南省兰考县委书记焦裕禄）；他们说，"一个共产党员爱的最高境界是爱人民"（这样的他是原西藏阿里地委书记孔繁森）；他们说，"只要生命不结束，服务人民不停止"（这样的他是原云南省保山地委书记杨善洲）。而老百姓在干部心中的分量有多重，干部在老百姓心中的分量就有多重。当他生病了，村民们说"就是讨饭了也要救他"（这样的他是原浙江省永嘉县山坑乡后九降村党支部书记郑九万）；当他要走了，村民们一次次庄重地按下挽留的红手印，这是中国农民最真实、最朴素、最坚决的表达（这样的他是原安徽省凤阳县小岗村党委第一书记沈浩）；当他不在了，当地老百姓说"先祭谷公，后祭祖宗"（这样的他是原福建省东山县委书记谷文昌）。

黄河滔滔，红旗飘飘，"为人民服务"是共产党人永不改变的坚持。

"江山就是人民、人民就是江山，打江山、守江山，守的是人民的心。中国共产党根基在人民、血脉在人民、力量在人民。"2021年7月1日，习近平总书记在庆祝中国共产党成立100周年大会上再次重申了中国共产党"人民至上"的宗旨。

人民至上

坚持人民至上

中共二十大指出："必须坚持人民至上。人民性是马克思主义的本质属性，党的理论是来自人民、为了人民、造福人民的理论，人民的创造性实践是理论创新的不竭源泉。一切脱离人民的理论都是苍白无力的，一切不为人民造福的理论都是没有生命力的。我们要站稳人民立场、把握人民愿望、尊重人民创造、集中人民智慧，形成为人民所喜爱、所认同、所拥有的理论，使之成为指导人民认识世界和改造世界的强大思想武器。""人民至上"篇章，从百年党史中选择了"坚持人民至上"的一些优秀代表人物，令人感到可亲可敬，印象深刻。

例如，红军长征过程中，在遵义地区，一位红军卫生员为了给乡亲们治病而掉队。在追赶部队途中，这位红军卫生员被敌人杀害。长期以来，这位红军卫生员无名无姓。《品格》一方面讲述了红军卫生员舍己救人的故事，一方面考证出红军卫生员的名字、籍贯、部队番号，给这段历史画上了一个圆满的句号。

再如，"半条被子"的故事。红军长征经过湖南省汝城县文明瑶族乡沙洲瑶族村期间，三位红军女战士在贫苦农民徐解秀家借宿，红军战士临走时把自己仅有的一床被子剪下一半留给徐解秀。2020年9月16日，习近平总书记在湖南考察时指出，"半条被子"

的故事充分体现了中国共产党的人民情怀和为民本质。长征途中，毛泽东同志指出，中国工人、农民、兵士以及一切劳苦民众的出路在共产党主张的苏维埃红军，我们一定会胜利。今天，我们更要坚定道路自信，兑现党的誓言和诺言，同人民群众风雨同舟、血肉相连、命运与共，继续走好新时代的长征路。

还有一张欠条的故事。红军长征期间，在一个农民家里留下了一张欠条。20世纪90年代这位农民的后代偶然发现了这张欠条，消息传开，有关方面经过考证，确认这张欠条是中国工农红军第三军团一位司务长所写，而这位司务长已经在长征中牺牲了。当地人民政府决定兑现当年的承诺，举行了隆重的"中国工农红军第三军团长征途经汝城借据兑现仪式"，将当年红军欠条中的物资折合成1.5万元，予以归还。

再看淮海战役，人民军队以少胜多、以弱胜强，根本原因就在于——中国共产党领导的解放战争得到了人民群众的鼎力支持。当时的华东野战军司令员陈毅说过，"淮海战役的胜利，是人民群众用小车推出来的"。淮海战役期间，江苏、山东、安徽、河南等地的人民群众用极大的人力、财力和物力，大力支援解放战争，共出动民工543万人，其中随军常备民工22万人，二线民工130万人，后方临时民工391万人。在淮海战役第三阶段，参战兵力与支前民工比例高达1∶9，为前方战斗提供了可靠的后勤保障。毛泽东曾为中国人民解放战争胜利题词："人民的胜利"。在淮海战役中被俘的国民

人民至上

党精锐部队第十八军军长杨伯涛，回忆自己被送往后方时见到共产党和人民群众像一家人那样亲切的场景时感慨万分："我们这些国民党军队将领，只有当了俘虏，才有机会看到这样的场面。在强烈的对照下，不能无动于衷，不能不正视铁的事实，承认共产党、解放军所在的地方，和国民党、国民党军队所在的地方，有两个世界的天壤之别。我当时就大为感慨：认为第十八军的最后败灭，非战之罪，应归咎于脱离人民群众，进而敌视人民群众，在人民群众的大海里淹没了。"

"人民至上"，同样体现在社会主义革命和建设时期，体现在改革开放新时期，体现在中国特色社会主义新时代。中国特色社会主义新时代确定"以人民为中心的发展思想"，强调"人民至上""江山就是人民，人民就是江山"，这是中国共产党领导中国革命、建设和改革经验的深刻总结，是中国共产党对马克思主义的丰富和发展。

中共二十大指出："坚持人民至上。""江山就是人民，人民就是江山。中国共产党领导人民打江山、守江山，守的是人民的心。治国有常，利民为本。为民造福是立党为公、执政为民的本质要求。"从中国共产党成立到百年华诞，从马克思主义唯物史观到实现马克思主义中国化，从毛泽东思想到中国特色社会主义理论体系，从马克思主义中国化最新理论成果习近平新时代中国特色社会主义思想到"坚持人民至上"，中国共产党坚持和发展了马克思主义的唯物史观。毛泽东提出："人民，只有人民，才是创造世界历史的动力。"邓小平说："我是中国人民的儿子，我深情地爱着我的祖国和人民。"他强调："中国共产党的含义或任务，如果用概括的语言来说，只有两句话：全心全意为人民服务，一切以人民利益作为每一个党员的最高准绳。"江泽民提出中国共产党始终代表中国先进生产力的发展要求、始终代表中国先进文化的前进方向、始终代表中国最广大人民的根本利益，"三个代表"重要思想是我们党的立党之本、执政之基、力量之源。胡锦涛提出坚持以人为本，树立全面、协调、可持续的发展观，促进经济社会和人的全面发展的科学发展观。习近平强调，中国共产党根基在人民、血脉在人民。党团结带领人民进行革命、建设、改革，根本目的就是为了让人民过上好日子，无论面临多大挑战和压力，无论付出多大牺牲和代价，这一点都始终不渝、毫不动摇。坚持以人民为中心的发展思想，体现了党的理想信念、性质宗旨、初心使命，也是对党的奋斗历程和实践经验的深刻总结。必须坚持人民至上、紧紧依靠人民、不断造福人民、牢牢植根人民，并落实到各项决策部署和实际工作之中。始终不渝地"坚持人民至上"，中国共产党必将根深叶茂，生机盎然，青春常在，一往无前。

（本篇作者：薛庆超）

第三章

艰苦奋斗

艰苦奋斗

　　中国共产党走过的波澜壮阔的百年历程，是一部筚路蓝缕的艰苦奋斗史。从革命先烈的舍生忘死，到共和国建设者的埋头苦干，一代代共产党人接续奋斗，铸就了中华民族站起来、富起来、强起来的伟大历程。艰苦奋斗，始终是中国共产党的政治本色和优良传统。

半条皮带

2021年6月18日，中国共产党历史展览馆正式开馆。在这座讲述党的历史、展现精神伟力的国家级展览馆中，陈列着一件特殊的展品——半条皮带。这条斑驳的皮带如今只剩半截，或许今天的人们很难将它与食物联系起来。但在80多年前，在艰辛而伟大的长征途中，这条皮带曾是红军的救命粮。

中国共产党历史展览馆

艰苦奋斗

红二方面军政治委员任弼时和警卫员李文清在长征过草地时吃剩的皮带

皮带的主人是任弼时，长征时期任红二方面军政治委员。1936年7月，刚刚摆脱国民党追兵的红二、红四方面军由甘孜等地北上，进入了危机四伏的草地。草地的苦，给红军留下了刻骨铭心的记忆，战士李文清在回忆文章《最后的脚印》中这样写道：

这里，时晴、时雨、时雪、时雹，变幻无常；地上表面长着水草，一脚踩上去时，草团根就像小船似的摇晃，而黑油油的污水马上就会淹过脚面，要是一不小心，陷入泥坑，那就等于石沉大海。更令人恼火的是：这里见不到人烟，甚至连飞鸟也绝迹。一到宿营地，周围可吃的野草也几乎为前面的兄弟部队吃光了，我们就只好挖些他们吃剩的草根充饥。有的吃上毒草，轻的就会四肢抽疯（风），神经失常，口吐白沫，重的就会丧命……

任弼时（1904—1950），湖南省湘阴县唐家桥（今属汨罗）人。伟大的马克思主义者，杰出的无产阶级革命家、政治家、组织家，中国共产党和中国人民解放军的主要领导人，以毛泽东同志为核心的中国共产党第一代中央领导集体的重要成员。中共第七届中央政治局委员、中央书记处书记。

饥饿和疾病让很多战士倒下了，长眠在这片草地里。就是在这样极端艰苦的环境中，皮带成了任弼时和警卫员的口粮。半截皮带上，至今还清晰地保留着切割的痕迹，据任弼时的警卫员回忆，皮带要用小刀切成若干段，烧焦或水煮后才能吃，每人每次只有三小段的"份额"。

即将走出草地时，皮带还剩一半，任弼时对警卫员说："剩下的半条皮带不要吃了，要留作纪念，将来这是很有意义的。"

半条皮带，如同穿越时空的信函，讲述着长征的艰苦卓绝。在这次人类历史上罕见的征程中，中国共产党领导的队伍从数十倍于己的敌人中突围，他们在平均三天一场的激烈战斗中浴血奋战，他们穿越了地球上最险峻的峰峦沟壑和荒无人烟的茫茫草

艰苦奋斗

地，他们战胜了饥饿、寒冷、伤病、死亡，最终走向胜利！

三大主力红军长征结束后，1936年12月，毛泽东在中国人民抗日红军大学发表演讲，回顾建党15年来走过的历程，他说：

中国共产党以自己艰苦奋斗的经历，以几十万英勇党员和几万英勇干部的流血牺牲，在全民族几万万人中间起了伟大的教育作用。

一顶帽子

1945年8月28日，一架飞机缓缓降落在重庆九龙坡机场。已经阔别城市18年的毛泽东抵达重庆，来参加重庆谈判的他走出机舱，向前来迎接的人群微笑致意。

毛泽东戴的帽子叫盔式考克帽，又称"拿破仑帽"。这顶略显洋气的帽子，其实并非毛泽东所有。据周恩来的副官龙飞虎回忆，这顶帽子原本是爱国华侨、青年司机林琼秀从南洋回国时带来的。

1939年，龙飞虎在八路军桂林办事处工作时得到了这顶帽子，后来他赠送给了周恩来。毛泽东赴重庆前，在延安，周恩来将自己的这顶帽子借给了毛泽东。

一个普通人的帽子，几经辗转，戴在了

国共谈判期间，毛泽东戴的盔式考克帽

艰苦奋斗

共产党领袖的头上。重庆谈判期间，毛泽东头戴盔式帽的形象深入人心，人们看到了中国共产党人真实的面貌和真正的风采。

此前多年，国民党对陕北实行军事封锁政策，许多人对共产党的印象是模糊的。重庆谈判前一年，为了探寻真相，美国记者福尔曼突破各种限制来到延安，他在这里生活、采访了5个多月。

福尔曼在延安拍摄了许多照片，这些照片记录了共产党人及其领导下的人民的真实状态，也展现了艰苦的边区生活中普通人的精神面貌。福尔曼在著作《北行漫记》中这样写道：

尽管城市的建筑在日军的狂轰滥炸中被毁掉了，却并没有能够赶跑共产党的政府和人民。他们在高达千尺的黄土悬崖侧面挖掘窑

福尔曼拍摄的照片

洞，继续生存抗争。

在延安的窑洞里福尔曼采访了毛泽东。在他的印象中，共产党的领导者保持着艰苦朴素的生活作风。这段经历他一并记录在《北行漫记》里。

我被迎至一间客厅里。这间客厅是六个窑洞中的一个，有简单的砖地，刷白粉的墙以及结实而粗糙的家具。晚上，窑洞里的唯一光亮便是粘在茶几上的一支蜡烛……共产党的领袖保持着劳动者的本色……

福尔曼还前往华北抗日前线，他用细腻的笔触和丰富的细节描写了战斗背后令人难以想象的艰苦，物资尤其是医药物品的严重匮乏给他留下了深刻的印象：

因为缺乏药品的缘故，他们利用很多白开水和日光来医疗。手术用具，如开刀用的刀和锯，是在附近兵工厂里做的。羊肠做的肠线用以代替猫肠，盐溶液则用作消毒剂。钙质是从磨碎的蛋壳里取得的，柳枝放在醋里煮过，用以代替阿司匹林……他们甚至还养一些蚕，想得到丝线以供缝合之用。

艰苦奋斗

　　就是在这样的条件下，中国共产党领导的军队与日本侵略者进行了艰苦卓绝的战争。1945年，在抗日战争即将取得胜利的前夜，中共七大在延安召开。闭幕式上，毛泽东情绪饱满地致闭幕词，在1600多字的闭幕词中，他用将近五分之一的篇幅详细讲述了"愚公移山"的故事，他特别讲道：

　　现在也有两座压在中国人民头上的大山，一座叫做帝国主义，一座叫做封建主义。中国共产党早就下了决心，要挖掉这两座山……全国人民大众一齐起来和我们一道挖这两座山，有什么挖不平呢？

　　毛泽东号召全党发挥愚公移山精神，"下定决心，不怕牺牲，排除万难，去争取胜利"。

最小的作战室

　　1948年，中国革命战争迎来战略总攻，艰难困苦中成长起来的人民军队，在解放战争中摧枯拉朽、锐不可当。而此时，党中央"蜗居"在河北平山县的一个小村庄——西柏坡。一所简易平房，成为中央军委作战室，同时还是中国人民解放军的总部。有人说，这是世界上最小的指挥所——一部电话，两张地图，三张桌子，四间土屋。可就是在这里，中国共产党的领袖却指挥打赢了三大战役。

　　1949年10月1日，中国共产党带领中国人民在历经28年浴血奋战后，最终取得了新民主主义革命的胜利，建立了中华人民共和国！

西柏坡中共中央军委作战室旧址

极限战争

"雄赳赳，气昂昂，跨过鸭绿江。保和平，卫祖国，就是保家乡……"

1950年，当中国共产党带领人民热情澎湃地建设新中国时，朝鲜战争的战火逼近，为了抗美援朝、保家卫国，上百万中国人民志愿军唱着这支《中国人民志愿军战歌》跨过鸭绿江，奔赴朝鲜战场，与敌人进行殊死战斗。

杨根思，志愿军第20军58师172团3连连长。1950年11月，他率领一个排，潜入东线长津湖附近，坚守在下碣隅里外围的小高岭阵地。当时，所有士兵身上的干粮是3个煮熟了但早已冻得坚硬的土豆，除此之外，能装东西的口袋里全部塞满了手榴弹。这位在解放战争中赢得过"爆破大王"荣誉称号的连长，接到的命令是"不许让美军爬上高地一寸"。

这个月的23日是西方的感恩节，美国士兵们吃了一顿颇为丰盛的火鸡大餐，喝了香槟酒，他们接到命令，对中朝军队发起总攻，尽快结束战斗回去过圣诞节。但他们没有想到，中国人民志愿军连

杨根思（1922—1950），江苏省泰兴县（今泰兴市）人，中共党员，1944年入伍，中国人民解放军全国战斗英雄，中国人民志愿军第一位特等功臣和特级战斗英雄，中国人民志愿军第一位"朝鲜民主主义人民共和国英雄"。

夜行军，已经在长津湖附近做好了战斗准备。

11月27日夜，风大雪急，志愿军嘹亮的冲锋号响起，长津湖战役拉开序幕。杨根思驻守的小高岭，成为双方拼死争夺的地点。美军向高地发起了一次又一次进攻，高地前布满了美军士兵的尸体，守卫的志愿军人数也在不断减少。最后时刻，只剩下杨根思一人，他抱着仅有的一个炸药包与蜂拥而上的敌人同归于尽！

1950年的朝鲜遭遇了几十年不遇的严寒，东线作战的志愿军九兵团是匆忙入朝作战的，到鸭绿江边时仅小部分士兵换上了并不齐整的冬装。

这一天，长津湖的气温骤降至零下38摄氏度，志愿军一支部队担负起在水门桥边阻击美军的

艰苦奋斗

任务。当美军先头部队侦察至此时，眼前的一幕令他们惊呆了：志愿军战士身着单薄的军装，呈战斗队形散开，卧倒在雪地里，人人都是手执武器的姿态，注视着前方，他们冻僵在雪地上，仿佛一座座随时可以跃起战斗的冰雕！

当后续部队打扫战场时，战友们在一名叫作宋阿毛的战士掌心里发现了一张纸片，上面歪歪扭扭地写着一首绝笔诗：

我爱亲人和祖国，更爱我的荣誉。我是一名光荣的志愿军战士，冰雪啊，我决不屈服于你！哪怕是冻死，我也要高傲地耸立在我的阵地上！

中国人民志愿军在一个装备实力完全不对称的战场上，创造了人类军事史上的奇迹，中国取得了抗美援朝战争的伟大胜利！

沈阳抗美援朝烈士陵园中的烈士纪念碑

大庆战歌

1959年，玉门油田的劳模王进喜来到北京，出席"全国工交群英会"。在北京街头，他看到了这样的场景：因为缺油，首都的公交车仍然背着煤气包。这位为新中国打了10年油的工人，蹲在街头，哭了。

背着煤气包的公交车

艰苦奋斗

也是在这一年，东北的松嫩平原上，一座名为"松基三井"的油井喷射出黑色油流，中国发现了大油田！

1960年2月，中央批转石油部党组报告，决定在大庆地区组织一场石油大会战。

1960年3月，王进喜和1万多名石油工人、3万多名解放军官兵从全国各地来到大庆，开始了一场新中国工业史上最为艰苦卓绝的会战。

打井的钻机到了，60多吨的机器搁在列车车皮上，没有卸货设备。王进喜带领队员人拉肩扛，硬是把机器卸到了拖拉机上。之后他们还是靠着人力，把40米高的钻井机竖了起来。开钻前，一时运不来水，王进喜的队伍和当地百姓、干部一起，用脸盆、水桶破冰取水，一天一夜时

王进喜（1923—1970），甘肃玉门人，曾任大庆油田钻井指挥部副指挥，全国著名劳动模范，大庆石油会战时期的"五面红旗"之一，被誉为"铁人"。他是新中国第一代钻井工人，把短暂而光辉的一生献给了我国石油工业，为新中国社会主义建设作出了突出贡献。

2009年，王进喜当选"100位新中国成立以来感动中国人物"之一；2019年，他被评为"最美奋斗者"。

间里，他们备齐了50多吨水，准时开钻。

在开钻动员会上，王进喜喊出了那句后来广为人知的口号：
"有条件要上，没有条件创造条件也要上。"

1960年4月，王进喜打下了整个会战的第一根钻杆，5天后，油田的第一口井诞生了。房东赵大娘对队员们说："你们的王队长可真是个铁人呐！"铁人，一句朴实无华的赞誉，从此与王进喜的名字连在了一起，也成为石油工人艰苦奋斗的精神符号。

1960年5月，王进喜带领队伍打了第二口钻井，当他们打到700多米时，由于地层压力太大，井喷发生了。当时由于没有搅拌机，水泥沉在泥浆池底，在这危急时刻，腿上有伤的铁人王进喜纵身跳进泥浆池，用身体搅拌泥浆。由于烧碱对伤口的腐蚀，王进喜被从泥浆池中拽上来的时候，已经昏了过去。

1960年6月1日，中央人民广播电台向全国人民汇报石油大会战

1960年6月1日，大庆油田首车原油外运

艰苦奋斗

的成果："经过几个月的艰苦奋战，第一列车原油运出大庆，支援社会主义建设……"这一天，大庆油田首车原油外运，从萨尔图开出的这趟列车由15节油罐车组成，共运原油600吨。"飞奔吧，欢腾的'油龙'，把千万颗石油工人的心，带向祖国的四面八方！"

1963年12月4日，周恩来宣布我国需要的石油现在已经可以基本自给了。"洋油"的叫法从此淡出了中国人的生活。

劈山夺水开天河

1954年，刚刚担任林县县委第一书记的杨贵到山区调研，在桑耳庄，村民向他讲述了一个新中国成立前因水而起的悲剧：大年三十，老汉桑林茂去8公里外的黄崖泉担水，嫁到村里不久的儿媳妇赶到半路接过了担子，没承想，山路陡峭，没走多远她就绊了一跤，一担水全被打翻。儿媳妇内心惭愧，当晚上吊自杀。

林县人渴极了，穷怕了。史籍记载，1949年之前的513年里，林县发生自然灾害100多次，大旱绝收30次。新中国成立初期，因为缺水，50万林县人民仍然过着糠菜半年粮的生活。一个区三五万人，只有几眼水井，石头镇的井口被打水的麻绳磨出道道

杨贵（中）和村民一起

艰苦奋斗

深沟。

调研之后的杨贵在汇报中这样说道：

人没有水不能生存，有水才有生命，有生命才能求发展，共产党的县委决不能看着人民群众长期受缺水之苦而无动于衷。

县委和杨贵最终下了决定，要"重新安排林县河山"，为了表达县委的决心，他们把这话刷在山壁上。

1960年2月11日，正月十五，3.7万林县人响应号召，走出家门。他们要劈开巍巍太行的重峦叠嶂，引漳河水入林县，建一条人造天河——红旗渠。

"贫下中农志如钢，千军万马战太行。劈山引水为革命，定牵漳河回家乡。"在"引漳入林"的广播誓师大会上，全县沸腾。

太行山的鸻鹉崖，是修红旗渠的必经之地。1960年

任羊成等人悬在半空除险

任羊成，1927年出生于河南省林县，1950年加入共青团，1956年加入中国共产党。曾任红旗渠工地除险队队长，获得红旗渠建设模范和特等模范等称号。

秋，由于放炮开山，这里被震裂的石块不住地向下滚落，如不除掉危石，水渠无法开工。30多岁的任羊成带着人，将绳索绑在身上，悬在半空中，在悬崖峭壁间来回飞荡，用钢钎清理危石，任羊成多次险些撞在石壁上，当地两位老人曾劝他，"上不得啊，那是见阎王的地方"，但任羊成依然不顾危险，于是"除险队长任羊成，阎王殿里报了名"的顺口溜在当地传开了。

一次，一块落石正好砸在任羊成的嘴上，他想向崖顶喊号，但怎么也张不开嘴，用手一摸，原来一排门牙被砸掉了，他吐出断牙和血沫，继续除险。以后的好多天，任羊成戴着口罩，依然在悬崖峭壁之间除险。

由于长时间在腰间拴一根大绳，任羊成的腰被绳子勒出一条条血痕，衣服经常与血肉粘在一起，脱不下来。久而久之，伤痕磨成老茧，就像一条缠在腰上的带子。

县委书记杨贵对任羊成说："等渠修成了，我陪着你在县城剧院看一个礼拜的戏。"任羊成回答道："杨书记，别说看戏，吃了中午饭，晚上还不知道能不能活着回来。"

就是这些比山石还坚韧的人，靠着"劈开太行山，漳河穿山来。林县人民多壮志，誓把河山重安排"的豪情，用近10年的时间削平1250个山头，打通211个隧道，让长达1500公里的人工天河穿行于崇山峻岭之间，81人为红旗渠献出了生命。

横在山腰上的人工河蔚为壮观

荒原变林海

　　塞罕坝，意为"美丽的高岭"，这片土地在历史上曾是水草丰沛、森林茂密的天然名苑。新中国成立初期，原始森林早已荡然无存，过度开垦和连年战争让塞罕坝成为人迹罕至的荒原。

　　1962年，为改变"风沙紧逼北京城"的严峻形势，林业部建立

昔日荒芜的塞罕坝

艰苦奋斗

塞罕坝机械林场，300多人组成的创业队伍，拉开了荒漠里种树造林的大幕。任仲元是当年林场迎来的第一位学机械的大学生，据他回忆：

上坝以后是满目荒凉，不见人烟，就是一片黄沙，夏天是黄沙，冬天是白毛风，白毛风就是刮的雪吹到人脸上。冬天冷到什么程度？经常都是三十八九度，最冷天是四十二度，零下啊。

塞罕坝地处河北最北部，与内蒙古高原浑善达克沙地相连。这里气候条件恶劣，年均积雪长达7个月，最低气温可至-43.3℃。

造林的时候都得住窝棚，马架子。两根木头一顶，人字形的顶子，外面铺的草，顶上铺的草，那时候连塑料布都没有。冬天下雪都戴着帽子睡觉。

艰苦的生活条件可以克服，但怎样在气候如此恶劣的高寒荒原上种树，才是摆在塞罕坝人面前的真正难题。1962年和1963年连续两年，他们栽种的千亩树苗成活率不足8%。1964年，年轻的种树人大胆试验，摸索并培育出了"大胡子""矮胖子"等优质苗木，而任仲元则带队改进了不适应当地地形的苏联进口植树机。

1964年4月，在一个叫作"马蹄坑"的地方，一场造林大会战开

任仲元，男，1939年6月出生，天津市塘沽人。1959年毕业于河北工学院，塞罕坝林场第一代务林人，1963年5月17日从天津来到塞罕坝，是塞罕坝林场第一位学机械的大学生。1999年退休，为塞罕坝的林业发展事业奉献了36年。

始了，516亩落叶松被种在这里。这一次，造林成活率超过90%，开创了国内高寒地区栽植针叶树成功的先河。

在大会上报告这个数据的时候，我当时在底下都掉眼泪了。我说，哎呀，终于给国家干了一点活儿，作了一点小小的贡献啊。

回忆起当时的情形，作为塞罕坝林场第一代职工的任仲元红了眼眶。

老一代塞罕坝人在荒漠里播种，年轻的一代则向着更强的堡垒进发。

这不，年轻的"林三代"于士涛正琢磨着怎么攻坚新的困难："现在这个造林地块，它的坡度太大，这一个小拖（拖拉机）根本就运不上去这苗子，需

如今的塞罕坝已变成万亩林海

要有两个小拖（拖拉机）的拖头，拖着这一辆车，然后才能把苗子运到地。有的地块坡度达到四十六七度。"这些坡度陡峭的荒山，由于土层薄、岩石多，过去很难造林成功。从2012年开始，近10万亩石质荒山成为塞罕坝攻坚造林的重点，"只有5—8厘米这么一点土层，在这上面去种树，能不能成活谁心里都在打鼓"。

经过新一代塞罕坝人的试验探索，石质荒山种树的成活率达到了90%。从2012年至今，近10年的不懈努力，让9万多亩石质荒山最终实现了造林绿化。

塞罕坝，这片曾经林木稀疏、风沙肆虐的荒僻高岭如今拥有人工林112万亩，三代塞罕坝人的接续奋斗，创造了荒原变林海的人间奇迹，也为中国北方筑起了一道重要的绿色生态屏障。

天路上的逆境考验

　　青藏铁路，世界上海拔最高、线路最长的高原铁路，如今它是连接西藏与内地的交通大动脉。20年前，青藏铁路二期工程建设拉开帷幕，35岁的工程师任少强带着队伍上了高原，他们来到了一个叫作"风火山"的地方。

　　已经是中铁二十局总工程师的任少强指着当时的照片对记者

任少强手捧照片忆当年

说："蹲着的这个，最右侧拿喇叭的这个是我。"

风火山，因风大、雷多而得名，海拔最高处5100多米，大气含氧量只有10.07%，低于人类生存需求的12%的极限，这里是名副其实的生命禁区。任少强的任务是要在风火山打通世界上海拔最高的一条隧道。作为风火山隧道掘进队队长，他首先面临的困难是严重缺氧：

有很多人在上面睡不着觉，整晚上睡不着觉，氧气管子一掉，就憋醒了，然后装上一睡着又掉了，又醒了，那你持续几天晚上睡不着觉，在上面没有办法工作了。

在封闭的隧道中，大型机械会与人争夺本就不多的氧气，隧道里缺氧问题更加突出。通过当年在风火山隧道里拍摄的影像可以看

人｜物｜档｜案

任少强，陕西省西安市人，桥梁专家，参加了两座世界第一高隧道施工，先后攻克了34项科研项目，风火山隧道工程先后荣获中国建筑工程鲁班奖、中国土木工程詹天佑奖，成功入选吉尼斯世界纪录。

在风火山隧道里，工人们边吸氧边工作

到，工人们背着2公斤重的氧气罐一边吸氧，一边坚持工作。

在平原上其实背2公斤的负重根本不影响工作，但是在（隧道）里面就不行，干活效率下降得非常厉害。劳动强度增长（大）一点，稍微速度一快，人马上就喘不过气。有时候缺氧程度严重，人就晕倒了。

任少强既担心工人，又忧心工程。

当年，国外很多专家断言，"青藏铁路过不了风火山"！除高寒缺氧外，特殊的冻土地质条件是世界性难题，这考验着任少强和所有工程技术人员。

艰苦奋斗

风火山隧道含冰量非常高，一打开全是冰，热量一进去全都融化了，甚至在施工过程中，热量一散就成泥石流了。

任少强坦言这给施工造成了非常大的困难，但这也激发了他的创造力。

经过在风火山的连续奋战，任少强找到了解决冻土难题的关键，即解决"温控"问题。他的队伍先后攻克了34项科研项目，并创造了高原冻土隧道施工纪录。2002年10月，风火山隧道贯通，施工人员顾不得缺氧，奔跑跳跃着庆贺，比以往任何一次完工都激动。这条世界上海拔最高的隧道比计划工期提前10个月，施工过程中没有发生一次塌方，没有造成一例人员伤亡。

青藏铁路

2006年7月1日，青藏铁路全线正式开通，打破了"有昆仑山脉在，铁路就永远到不了拉萨"的预言，实现了西藏通铁路的长久祈盼。1800多个日日夜夜，五度炎夏寒冬，10多万建设大军在"生命禁区"里艰苦奋斗，他们克服了高寒缺氧、永久冻土、生态保护三大世界性难题，最终谱写了人类铁路建设史上的光辉篇章。

边关夫妻哨

　　新疆哈巴河县桑德克哨所，生产建设兵团农十师185团职工马军武登塔瞭望。他和妻子张正美已经在这里戍边守土30多年了。50年前，守在这里的是马军武的父亲。

　　"我父亲他是个骑马的骑兵，骑着马顺着边界，就是来回巡逻。"那时候马军武还小，大概六七岁。父亲骑马巡逻，在他心里烙下了很深的印记。

马军武和妻子张正美巡逻的场景

111

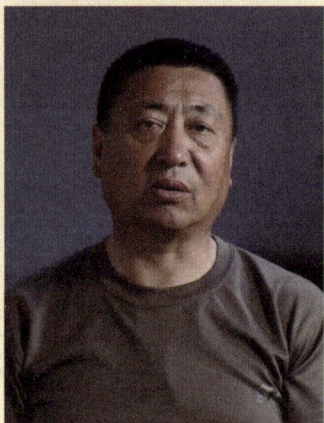

马军武，1969年4月出生，新疆生产建设兵团农十师185团林管站职工，全国劳动模范，新疆生产建设兵团道德模范。2011年9月20日，在第三届全国道德模范评选中荣获全国诚实守信模范称号。

为祖国守土地，听上去无限荣光，但短暂的一抹高光背后，是许多个沉默的日夜。在哈萨克语里，"桑德克"是空箱子的意思，这个大漠深处的哨所，像它的名字形容的那样，方圆数十里杳无人烟。

我每次（巡边，）不管晚上还是白天，特别是在树林里就对着空旷的地方吼两声，也等于是交流吧。

荒漠里，张正美是唯一能够分担丈夫苦乐的人，每日一写的值班日记，记录下夫妻俩的每一次巡边。

界河堵了好多杂草，我们去疏通河道，我们有个轮胎做的皮筏子，每次都是我用绳子把马军武送下去，这次也一样。（摘自张正美桑德克哨所巡边日记）

艰苦奋斗

可就是这次看上去和往常没有什么不同的巡边，成了张正美多年后依然后怕的经历。

一个浪头过来，他一下就没了，我当时一下就蒙了，我就顺着界河猛跑，那时候不像现在一样有手机，可以掏出来，也没电话，我跑了有5公里，然后我看着他拉了个皮筏子就上来了。瞬间的悲喜交加，让我一下子扑到他的怀里号啕大哭。他不会说特别漂亮的话，就说，"好了，好了"。

跟马军武一样，张正美也是在新疆出生的兵团二代，尽管深知卫国戍边的意义，可刚来的那阵子她还是无所适从。

当时我来了以后特别着急特别寂寞，就是我不比别人差，为什么我要嫁到这个地方。我真的有这种心态，我没那么伟大，那时候我一想家，我就回我妈家。我爸和我妈很平静地说，我们都待了四五十年了，不就这样一

张正美

113

年一年过来的。爸爸妈妈的平静让我感到很惊讶，也让我从心里感到深深的敬佩。在爸爸和妈妈心疼的眼光中我又回来了，我又回到了哨所。

夫妻俩的边防日记从一本写成一摞。

今天天气炎热，昨晚快12点时，发现对面有灯光，赶紧上瞭望台观察，未见异常。（摘自马军武桑德克哨所巡边日记）

马军武去北屯开会了，只有我一个人在哨所，我还是要坚强，不能什么事都让别人帮。（摘自张正美桑德克哨所巡边日记）

巡逻，瞭望，反复出现的词语勾勒着两人看似平淡的日常，或许只有他们自己知道，一笔一画之外，还翻涌过多少写不出的波澜。

艰苦奋斗

用双脚丈量祖国大地

2020年，自然资源部第一大地测量队（原名国家测绘局第一大地测量队，简称国测一大队）历史上第七次测量珠穆朗玛峰的高度。

5月26日晚，海拔5200米的珠峰大本营下起了大雪，驻守在此的国测一大队队长李国鹏压力巨大。此时，冲顶突击队已抵达海拔8300米处，第二天将是登顶的最后一个窗口期。登顶测量是珠峰高程测量最大的难点，此前两个窗口期，突击队都冲顶失利，被迫下撤。

李国鹏回忆说："5月12日和5月22日两个窗口期，由于流雪的危险和气旋风暴的危险，山上的环境极为恶劣。第三次这个窗口期，比第一次、第二次可能更加艰难。当时有一种感觉就是背水一战。"

李国鹏在大本营一夜没有合眼，8300米处的8名冲顶突击队员更是无法入睡，他们用酒精炉烧了一点热水，吃了些麦片等简单干粮。凌晨2点，每人带着15到20公斤的行李和沉重的测绘仪器，向峰顶进发。天亮前，雪渐渐停了。

人│物│档│案

李国鹏，1976年生，陕西省蓝田县人，中共党员。2000年7月，李国鹏从长安大学毕业后加入国测一大队，现为国测一大队队长，2020珠峰测量现场总指挥。2020年，获得"全国先进工作者"称号。

"到什么高度了？""还没通知呢，我们先归位。"

大本营现场跟登顶突击队员保持着紧密的联系。

"现在你们高度是多少？"

报话机传来登顶突击队员夹杂着风声和喘气声的回复："快到二本这儿了。"

"好了好了，那我们继续等你们的消息。"

每一步都无比艰难，原计划7个小时的行程，这次走了9个小时。在克服重重困难后，上午11点，8名队员终于成功登顶珠峰。

李国鹏告诉记者："9个小时的时间攀登完1.4千米，相当于每个小时，我们只攀登一百五十多米的距离，这意味着你走一步可能就要喘几十口气，才能迈出下一步。"当人们庆祝成功登顶时，测量工作其实才刚刚开始。

艰苦奋斗

突击队员攀登珠峰的画面

"我们的觇标在山下，正常情况下15分钟（立起），但是毕竟跟山上那种紧张的环境还是不能比，我们觇标立了50多分钟。"

队员们在峰顶连续工作了150分钟，创造了中国人在珠峰顶峰停留时间的最长纪录！

8848.86米，这是最新测定的珠穆朗玛峰高程，它向世界展示了我国测绘科技的巨大成就，同时也是取得这个成果的国测一大队建队67年以来达到的新高度。

国测一大队创立于1954年，他们承担的测量任务大多位于高寒缺氧、物资匮乏、交通信息极差的生命禁区，不断挑战着身体承受能力的极限。建队67年来，国测一大队队员两下南极、七测珠峰，39次进驻内蒙古戈壁荒原，52次踏入新疆沙漠腹地，52次深入西藏

8 名队员成功登顶珠峰

无人区，徒步行程超过6000万千米。这期间，46名队员为测绘事业殉职。但肩负国家使命的他们，从未退却。

虽百折而不挠，虽崎岖而愈坚！百年来，中国共产党通过艰苦奋斗，披荆斩棘，走过万水千山；在实现中华民族伟大复兴的新征程上，必然会有艰巨繁重的任务，必然会有艰难险阻甚至惊涛骇浪，中国共产党还将带领人民继续奋斗，创造更加灿烂的辉煌！

|学|有|所|悟|

"艰苦奋斗是我们的政治本色"

1956年11月15日，毛泽东在中共八届二中全会上讲了两个故事。毛泽东讲的第一个故事是酸菜的故事："一九四九年在这个地方开会的时候，我们有一位将军主张军队要增加薪水，有许多同志赞成，我就反对。他举的例子是资本家吃饭五个碗，解放军吃饭是盐水加一点酸菜，他说这不行。我说这恰恰是好事。你是五个碗，我们吃酸菜。这个酸菜里面就出政治，就出模范。"毛泽东讲的第二个故事是苹果的故事："锦州那个地方出苹果，辽西战役的时候，正是秋天，老百姓家里很多苹果，我们战士一个都不去拿。我看了那个消息很感动。在这个问题上，战士们自觉地认为：不吃是很高尚的，而吃了是很卑鄙的，因为这是人民的苹果。我们的纪律就建筑在这个自觉性上边。这是我们党的领导和教育的结果。人是要有一点精神的，无产阶级的革命精神就是由这里头出来的。"毛泽东给中共中央委员讲的两个故事，深入浅出，朴实无华，为的是说明一个真理："根本的是我们要提倡艰苦奋斗，艰苦奋斗是我们的政治本色。"《品格》"艰苦奋斗"篇章，延续着毛泽东讲述的艰苦奋斗故事，为广大读者讲述了百年党史上更多的艰苦奋斗的励志故事。

讲述了任弼时长征中留下的半条皮带的故事。中国共产党历史展览馆里展览着任弼时在长征中留下来的黑乎乎的半条皮带，上面有刀割留下的痕迹。另外的半条皮带，在长征中，经过烟熏火燎、刀割水煮，已经被任弼时和警卫员吃掉了。长征是中国共产党人和红军将士创造的奇迹，是中国近现代史上的壮丽史诗，是艰苦奋斗的动人画卷。长征精神包含着艰苦奋斗的丰富内涵，遵义会议，四渡赤水，激战娄山关，巧渡金沙江，强渡大渡河，飞夺泸定桥，爬雪山，过草地，攻克腊子口等，都述说着长征中艰苦奋斗的动人事迹。共产党人和红军将士在食不饱腹、衣不裹身的情况下，坚持行军作战，攻坚克难，直至达到胜利的目的。习近平在纪念红军长征胜利80周年大会上强调："实现伟大的理想，没有平坦的大道可走。夺取坚持和发展中国特色社会主义伟大事业新进展，夺取推进党的建设新的伟大工程新成效，夺取具有许多新的历史特点的伟大斗争新胜利，我们还有许多'雪山'、'草地'需要跨越，还有许多'娄山关'、'腊子口'需要征服，一切贪图安逸、不愿继续艰苦奋斗的想法都是要不得的，一切骄傲自满、不愿继续开拓前进的想法都是要不得的。"

毛泽东赴重庆谈判时头上戴着十分醒目的"拿破仑帽"。《品格》追根求源，使读者了解了这顶帽子非同寻常的经历。龙飞虎在桂林从事统一战线工作期间，得到了这顶"拿破仑帽"，然后赠送给周恩来。毛泽东奔赴重庆谈判前夕，心细如发的周恩来，又将这顶"拿破仑帽"借给毛泽东。于是，毛泽东戴着这顶几经辗转的帽子，从

艰苦奋斗

延安飞到重庆。毛泽东一下飞机，就引起国内外记者的广泛关注。当然，各国记者的报道中，也没有忽略这顶与众不同的帽子。

毛泽东在世界上最小的作战室里指挥了历史上规模宏大的三大战役。中国人民解放战争后期，河北省平山县西柏坡的中央军委作战室，虽然只有简易的四间农村土房，却是指挥中国人民解放军各个战场千军万马的指挥中心。作战室的墙上挂着大幅的军用作战地图，房间里摆着的三张农村十分常见的桌子就是作战室的办公桌。尽管中央军委作战室办公条件十分简陋，房子和办公用品也显得土里土气，但是，中央军委作战室发出的电报、部署的战役、调动的兵力、作出的决策都证明，这里就是战略决战中辽沈、平津、淮海三大战役的指挥中枢重地。

极限战争永载史册。自古以来，中华民族就是一个爱好和平的民族，近代中国多次遭受外来侵略。新中国成立后，中国人民终于过上期待已久的和平生活，百废待兴，百业待举，人心思安，人心思定。朝鲜战争突然爆发，中共中央临机决断，制敌先机，未雨绸缪，预做防范。美军发动侵略朝鲜的战争后，朝鲜战局空前严峻，朝鲜劳动党中央委员会、朝鲜民主主义人民共和国政府紧急请求中共中央、中国政府派遣部队赴朝鲜参战，援助朝鲜。虽然新中国刚刚建立，亟待恢复国民经济，亟须应对和解决一系列重大问题，但是中国人民爱好和平，决不允许帝国主义在世界东方横行霸道。中共中央和中国政府果断决定，组建中国人民志愿军，开赴朝鲜，出国作战。抗美援朝战争的胜利来之不易。在著名的抗美援朝长津湖战役中，中国人民志愿军第九兵团在零下38℃的自然环境中作战，经受了人们难以想象的风雪严寒的严峻考验，树立了人民军队艰苦奋斗的楷模。

习近平总书记指出："我们党在革命、建设、改革各个历史时期都遇到了种种艰难险阻，我们的事业成功都是经过艰辛探索、艰苦奋斗取得的。"在百年党史上，艰苦奋斗贯穿着百年历程。为了解决石油问题，大庆战歌响彻云霄；为了解决林县缺水问题，人民群众劈山夺水修建红旗渠；为了使荒原变林海，塞罕坝精神历久弥新；为了修建青藏铁路，人们经历了天路上的逆境考验；为了捍卫祖国边疆，边关夫妻哨以苦为乐。

因为撰写《西行漫记》而闻名世界的美国记者埃德加·斯诺曾写道："中国共产党人究竟是什么样的人？他们同其他地方的共产党人或社会党人有哪些地方相像，哪些地方不同？"为此，他历经千难万险来到陕北，采访了毛泽东等中国共产党领导人和红军高级将领。经过实地考察，他得出结论："读者可以约略窥知使他们成为不可征服的那种精神，那种力量，那种欲望，那种热情——凡是这些，断不是一个作家所能创造出来的。这些是人类历史本身的丰富而灿烂的精华。"

（本篇作者：薛庆超）

一第四章一

实事求是

实事求是

　　讲实话，办实事，一直是我们党的优良传统，是一条我们党用鲜血和生命换来的、贯穿百年的生命线！百年来，中国共产党坚持解放思想、实事求是、与时俱进、求真务实，坚持将马克思主义基本原理同中国具体实际相结合，带领中国人民创造出了彪炳史册的伟大奇迹。

　　1919年3月17日，上海汇山码头，一艘邮轮即将起航。89名中国学生登上这艘邮轮，他们将远渡重洋，赴法国追求新知。

　　送别的人群中，26岁的毛泽东向同学们挥手告别，他当时是湖南青年赴法勤工俭学活动的倡导者和组织者之一，而他自己却放弃了留学。对于这次选择，他在给周世钊的信中这样解释说：

　　我想暂不出国去，暂时在国内研究各种学问的纲要……吾人如果要在现今的世界稍为尽一点力，当然脱不开"中国"这个地盘。关于这地盘内的情形，似不可不加以实地的调查，及研究。这层工夫，如果留在出洋回来的时候做，因人事及生活的关系，恐怕有些困难。（摘自1920年3月14日《毛泽东致周世钊信》）

　　20世纪初的中华民族，正处于危难时刻。帝国主义列强虎视眈眈，妄图灭我中华。有识之士纷纷行动，寻求救国之路。辛亥革命推翻了2000多年的封建帝制，然而革命果实很快又被袁世凯窃取，紧接而来的军阀混战，更加剧了人民的苦难。

　　究竟如何才能救中国？毛泽东希望在轰轰烈烈的革命实践中寻找答案。

调查就是解决问题

有一本油印小册子写于90多年前，曾在战争中遗失了30年。它就是后来改名为《反对本本主义》的《调查工作》。

1930年4月，红四军打下江西信丰城以后，因不明白农村地主和城市资本家的区别，把信丰县城的十几家商号全都没收了，结果城市的贫民因买不到东西而对共产党产生不满。

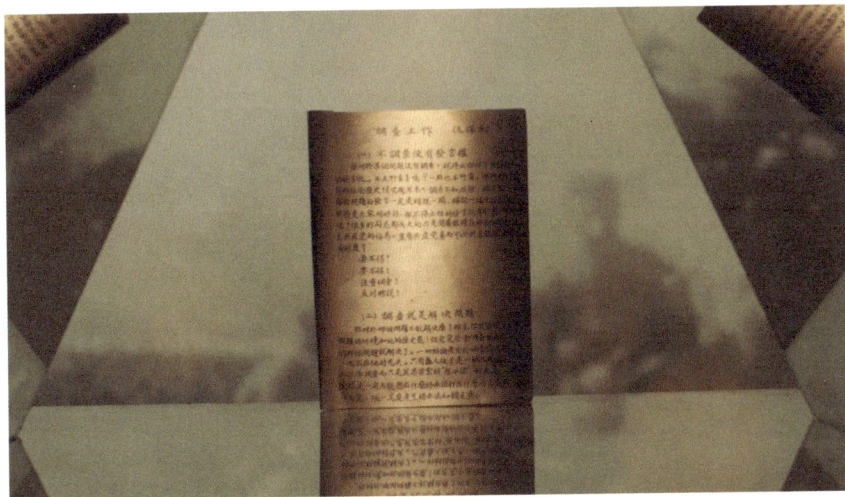

毛泽东写的《调查工作》

人 物 档 案

古柏（1906—1935），江西寻乌人，中国工农红军高级指挥员。1925年加入中国共产党，历任赣南红军游击队第二十一纵队政治委员，寻乌县苏维埃政府主席，中共寻乌县委书记兼军事委员会主任委员。1930年协助毛泽东作寻乌调查。1935年3月6日在广东龙川上平鸳鸯坑遭反动民团伏击牺牲。

这件事让毛泽东意识到，不能简单套用农村的政策指导县城的工作了。

一个月后，毛泽东率领红四军第二纵队到达江西寻乌。这时，闽粤赣边界的敌军力量薄弱，战事较少。毛泽东打算在这里做一次深入的社会调查。

他后来在《寻乌调查》一书中这样写道：

关于中国的富农问题我还没有全般了解的时候，同时我对于商业状况是完全的门外汉，因此下大力来做这个调查……寻乌这个县，介在闽粤赣三省的交界，明了了这个县的情况，三省交界各县的情况大概相差不远。

毛泽东与时任寻乌县委书记古柏一起，在县城与入城赶集的

实事求是

农民和摆摊设点的商贩交谈，到田间地头和农民一起劳动，了解寻乌社会各阶级的情况。

为了更深入地了解寻乌各方面的情况，毛泽东决定组织一次调查会。

古柏找来了11名来自寻乌各阶层的代表参与调查会，其中有店员、农民、小商贩、前清秀才、乡村教师等等。

毛泽东还在《寻乌调查》中特别提到了两个人：

这回到寻乌，因古柏同志的介绍，找到了郭友梅和范大明两位老先生。多谢两位先生的指点，使我像小学生发蒙一样开始懂得一点城市商业情况，真是不胜欢喜。

当时，郭友梅是杂货店主，曾担任过两任寻乌商会的会长，对寻乌的历史和现状了如指掌。范大明则是贫农，县苏维埃政府职员，对革命前后城区的情况以及城郊居民对革命的态度非常清楚。

通过调查会，毛泽东对寻乌城各个行业、大小商店的历史、现状及其主人的政治态度进行了详细的了解，对全县地主的剥削状况、土地斗争情况也问得清清楚楚。

他的笔记中还记录了一首当地广为传唱的童谣：

月光光，

光灼灼。

埃跌苦（我吃苦），

你快乐。

食也毛好食（吃也吃不饱），

着也毛好着（穿也穿不好）。

年年项起做，

总住烂屋壳。

…………

毛泽东在《寻乌调查》中感叹说，旧的社会关系，就是吃人关系。

我就是历来疑心别人的记载上面写着"卖妻鬻子"的话未必确实的，所以我这回特别下细问了寻乌的农民，看到底有这种事情没有。细问的结果，那天是三个人开调查会，他们三个村子里都有这种事。

调查会一连开了近20天，毛泽东仍觉得还有不少似是而非的问题，需要进一步探讨。于是他又召开了一次更多人参加的总结调查会。会上，毛泽东坦诚地说："我来寻乌调查了近20天，承蒙诸位先生的指点，使我获得了很多闻所未闻的知识。今天请大家来核对材料，叫做集思广益。" 说完，他把还没弄明白或自己没把握的问题一一提出来，向大家请教。

在调查期间，古柏的妻子曾碧漪已有六个月身孕，有时也会陪同古柏来参加调查会。毛泽东看到她在房间里走来走去，就写下了这样一句话："调查就像'十月怀胎'，解决问题就像'一朝分娩'。调查就是解决问题。"

寻乌调查，毛泽东收获了几十万字的调查笔记，整理出8万多字的《寻乌调查》和3000多字的《调查工作》。《寻乌调查》被辗转带到了延安，后来与《长冈乡调查》《才溪乡调查》等调查报告一起编入《毛泽东农村调查文集》。《调查工作》则在红军长征前不慎遗失，直到新中国成立后，这篇重要的历史文献才失而复得。毛泽东再次看到这本小册子时，感慨地说："见到这本小册子，就好像见到了30年没见过面的儿子。"

《调查工作》经毛泽东修改后，被改名为《反对本本主义》重新出版。

文章中提出"没有调查，没有发言权""马克思主义的'本本'是要学习的，但是必须同我国的实际情况相结合"等论断。这些著名论断指引中国共产党在革命实践中不断自我修正，也逐渐成为中国共产党人一切从实际出发、深入群众、理论联系实际的行动纲领。

实事求是思想路线的确立

1935年1月15日晚上，在贵州遵义老城的柏公馆里，20名共产党人召开了一次关系党生死存亡的重要会议。

遵义会议是我党历史上一次关键性的转折，在党生死攸关的危

遵义会议会址

实事求是

急关头挽救了党，挽救了红军，也为全党留下了重要的精神财富，其精髓便是实事求是。遵义会议后，中央红军在毛泽东等人的正确指挥下，根据战场实际情况，灵活变换战略战术，屡遭挫折的红军从此有了从失败走向胜利的保证。

刘伯承后来在《回顾长征》一书中这样回忆说：

遵义会议以后，我军一反以前的情况，好像忽然获得了新的生命，迂回曲折，穿插于敌人之间，以为我向东却又向西，以为我渡江北上却又远途回击，处处主动，生龙活虎，左右敌人。

1935年10月，中央红军越过岷山，豁然开朗，回顾长征途中战胜的艰难险阻，毛泽东满怀豪情写下了《七律·长征》：

红军不怕远征难，万水千山只等闲。
五岭逶迤腾细浪，乌蒙磅礴走泥丸。
金沙水拍云崖暖，大渡桥横铁索寒。
更喜岷山千里雪，三军过后尽开颜。

正是在实事求是精神引领下，中国革命才谱写出长征这一人类历史中的伟大史诗。

1937年7月7日，震惊中外的卢沟桥事变爆发，拉开了全民族抗战的序幕。也就在这一年，毛泽东在陕北的窑洞里写下了《实践论》和《矛盾论》等巨著，这些巨著深刻阐述了理论对于实践的依赖关系，总结了中国革命的经验教训，也成为指导中国共产党正确领导革命实践的强大思想武器。

为了在极端困难的敌后环境中站住脚跟并不断发展壮大，中国共产党结合抗日实际在根据地实行了民主政治，同群众建立起不可分割的鱼水情。

"金豆豆，银豆豆，豆豆不能随便投；选好人，办好事，投在好人碗里头。"这幅名为《豆选》的木刻版画所描绘的正是解放区人民用"投豆子"参加选举的场景。

《豆选》（黑白木刻）彦涵

实事求是

原来，1936年，中央红军到达陕北后不久，就根据不少边区百姓不识字的实际情况创造出一种"投豆子"的选举办法，并在各解放区广泛推广。

1946年，美国记者斯特朗在延安采访，与一位名叫杨步浩的农民聊天时，了解到这种选举办法。杨步浩斗大的字不识一个，却是个选举老手，他

杨步浩

不仅选过村长，还选过县人民代表和边区人民代表。这令斯特朗十分惊讶，她好奇地问杨步浩怎么投票。

杨步浩爽快地说："我把我的豆子投进碗里（来投票）。他们在窑洞外面发给我豆子，然后我走进窑洞，那里有几只碗，每个碗代表一个候选人。选完后，大家都看着他们统计豆子的数量。"杨步浩的话，给斯特朗留下了深刻的印象。她在《中国人征服中国》中这样写道：

中国的知识分子自然知道还有更先进的办法……但在目前，选举方式还是根据选举人的情况而定的。千百万中国人民用投豆入碗的办法来进行政治上的选择。这些人如果是在欧美制度下，他们就

根本不能参加选举……这种符合实际的政策，是根据对农村各种成分的天然政治态度和经济地位作过分析之后而制定的……无论走到哪里，我都发现人们对他们的选举赞不绝口。

中国共产党这种脚踏实地、朴实为民的作风，令无数造访延安的外国记者惊叹。

1944年，英国记者斯坦因到访延安后，看到的是干净整齐的街道、安居乐业的人民、作风民主的边区政府和生活朴素的共产党领导人，这些都与国统区截然不同。

他在美国《基督教科学箴言报》上刊文称：

1944年，延安举行庆祝"诺曼底登陆"文艺表演，图为观看演出的中国军民

实事求是

在封锁线后发现这样一个热烈的新社会，简直使我目瞪口呆。在重庆，5年以来，对共产党，除恶意的毁谤而外毫无所闻的我，对着在延安我所发现的事物，我吃惊地擦拭着我的眼睛……

1941年，毛泽东在《改造我们的学习》的报告中，明确指出，把马列主义的基本原理和中国革命实际结合起来的态度，"就是实事求是的态度"。

1943年，毛泽东将"实事求是"题为中央党校的校训。1945年，党的七大又将这4个字写入党章。经过延安整风和七大，中国化马克思主义哲学思想基本形成，实事求是的思想路线在全党得以确立。

立足实际，把握机遇

1945年8月15日，日本宣布无条件投降，这一天，蒋介石在日记中写下这样一句话："电邀毛泽东来渝，共商大计。"

蒋介石十天内连发三封电报，邀请毛泽东到重庆"共商大计"，他把电报刊登在国内各大报纸上，并通过广播电台向国内外广播。

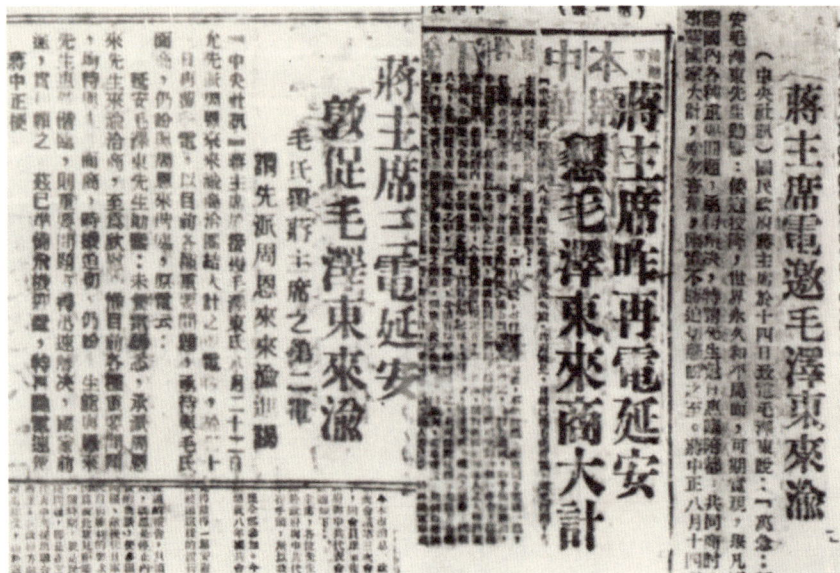

刊登在报纸上的电报

实事求是

对于这一举动，《中央日报》主笔陶希圣一语道出玄机：我们明知共产党不会来渝谈判，我们要假戏真做，制造空气。

一时间，毛泽东去不去重庆，在中国共产党内引起了争论。多数同志不赞成毛泽东去重庆，毕竟扣押监禁政治对手，是蒋介石一贯的手段。

不过，毛泽东的谋略则是变被动为主动。在离开延安赴重庆前的政治局扩大会议上，他对时局作了这样的分析：

现在的情况是，抗日战争的阶段已结束，进入和平建设阶段。我们现在新的口号是：和平、民主、团结……蒋介石想消灭共产党的方针没有改变，也不会改变……以后我们的方针仍是"蒋反我亦反，蒋停我亦停"，以斗争达到团结，做到有理有利有节。

基于对当时革命形势的判断，1945年8月28日，毛泽东率领中国共产党代表团飞抵重庆。在重庆期间，毛泽东会见了众多民主人士和国民党军政要员。他坦率地与大家交流对时局的看法，真诚地阐述中国共产党谋求和平的愿望。

毛泽东还应老朋友柳亚子所请，将初到陕北时所写的《沁园春·雪》认真誊写了一份，赠予柳亚子。不久《沁园春·雪》被公开发表，顿时征服了整个山城。

北国风光，千里冰封，万里雪飘。望长城内外，惟余莽莽；大河上下，顿失滔滔。山舞银蛇，原驰蜡象，欲与天公试比高。须晴日，看红装素裹，分外妖娆。

江山如此多娇，引无数英雄竞折腰。惜秦皇汉武，略输文采；唐宗宋祖，稍逊风骚。一代天骄，成吉思汗，只识弯弓射大雕。俱往矣，数风流人物，还看今朝。

区区114个字，发出了超越历史的宣言，道出了改造世界的壮志，令无数人倾倒折服。

美国记者斯特朗在《中国人征服中国》一书中这样写道：

这是他20年来第一次走出被封锁的地区。他的诗词轰动了中国陪都的知识界。他们原以为他是一个来自西北窑洞的土宣传家，可是遇见的却是一个在哲学修养和文学风格方面都远远胜过他们自己的人。

正是因为被中国共产党人团结力量、共同建设新国家的真诚和实际行动所打动，许多爱国民主党派人士，与共产党一道掀开了亲密合作、建设新中国的新篇章；凝结成了风雨同舟、休戚与共、肝胆相照的信念与承诺。

也正是有了这样立足实际、把握机遇、因势利导的领导核心，中国共产党带领出一支听党指挥、能打胜仗、作风优良的人民军队。

实事求是

早在井冈山时期，红四军战士就把这样的军队纪律写在自己的包袱皮上。"上门板，买卖公平，言语和气，借东西要还……"这些词句通俗易懂又朗朗上口，也让红军战士牢牢记在了心里。

1927年10月，毛泽东率领起义部队向井冈山进发途中，饥渴难耐的战士们挖出老百姓的红薯就吃。毛泽东决心整肃军纪，给部队定下三项纪律，不久后，又根据实际情况，宣布了八项注意。

1935年，在陕甘苏区，《三大纪律八项注意》被红十五军团借用鄂豫皖苏区流行的《土地革命完成了》的歌谱编为歌曲，在部队传唱起来。

共产党军队的纪律严明，让当时在华的很多外国记者印象深刻。1938年，美国记者杰克·贝尔登在到访新四军驻地后，在《中国震撼世界》一书中发出这样的感叹：

军队居住的地方，能像新四军这样干净的，我还没有见过……我亲眼看见他们在离开的时候，把门板装好，把一切弄得十分妥帖；我也亲眼看见，他们跟老百姓说话时，是那样温和……

1949年5月27日清晨，上海市民推开门窗，看到蒙蒙细雨中，马路两边潮湿的水泥地上，睡满了身穿黄布军装的解放军。这一天，上海解放了。

此前一天，移居上海的竺可桢在日记里这样写道：

5月26日　星期四　上海　晨阴70°（华氏）。日中阴，东南风。下午三点起微雨。晚72°（华氏），子夜大雨。

解放军在路站岗，秩序极佳，绝不见欺侮老百姓之事。在研究院门前亦有岗位，院中同人予以食物均不受。守门之站岗者倦则卧地，亦绝不扰人，纪律之佳，诚难得也。（摘自竺可桢《竺可桢日记》）

解放军进入上海后，不惊扰上海市民，不入民房，露宿街头

实事求是

解放军战士一边行军一边学习入城守则和纪律

事实上，早在一个多月前，中共中央为使上海这座国际大都市完好无损地回到人民手中，接连举行了多次讨论会、座谈会，积极听取多方建议，吸取部队进入其他城市的经验，制定了进入上海，"不住民房店铺"的规定。

前线部队也进一步研究了《上海概况》等各种资料，制定出更为详细具体的入城守则和纪律，战士们将这些守则和纪律画成画挂在背包上，一边行军一边学习。

英军名帅蒙哥马利感慨地说："我这才明白这支军队为什么能够打败经美国武装起来的蒋介石数百万大军。"

从南昌起义建立政治部，到三湾改编将支部建在连上，再到"党指挥枪"，我们的人民军队划清了同一切旧式军队的界限，越来越规范化、制度化、法治化。

我们新中国的建设也立足实际，蓬勃展开。

实事求是是最大的党性

三门峡水利枢纽工程，号称"万里黄河第一坝"，是新中国第一个五年计划的重点工程。但工程没有考虑到黄河泥沙含量高、河道容易淤积的问题，负面影响被严重低估。

1955年，在讨论三门峡水利枢纽工程的方案和计划时，时任国务院副总理的习仲勋投了反对票。他认为，三门峡水利枢纽工程应

三门峡水利枢纽工程

实事求是

该缓建，至少应等到解决了泥沙淤积问题后再建。

他后来解释说：

我说科学这个东西，要老老实实，没弄清楚，没有一定的根据，没有试验，没有确切地知道，不要随便去说。（摘自纪录片《习仲勋》）

三门峡水利工程建成后，由于泥沙淤积严重，在以后相当长一段时间里不得不多次改建，在新中国大型工程建设史上，积累了丰富的经验，也留下了深刻的教训。

实事求是，夙夜在公，是习仲勋一生秉持的优良作风。早在延安整风时期，他就曾在报告会上严肃地对大家说："我们常讲党性，我看实事求是就是最大的党性。"

"不唯上、不唯书、只唯实，交换、比较、反复"，这是陈云的书法作品，又被他称作"十五字诀"。

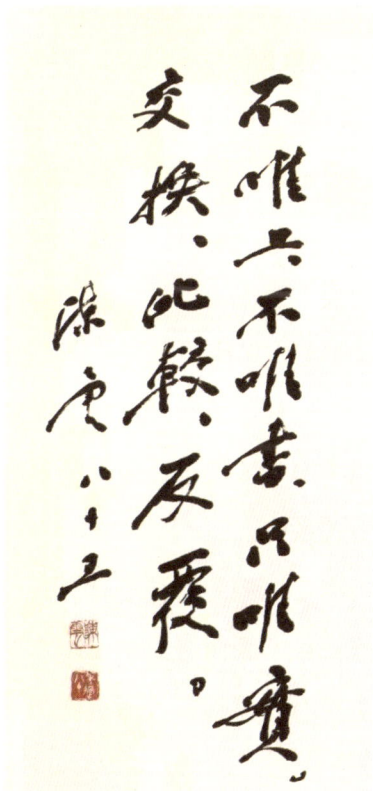

陈云的"十五字诀"手迹

他还曾这样解释说：

不唯上，并不是上面的话不要听。不唯书，也不是说文件、书不要读。只唯实，就是只有从实际出发，实事求是地研究处理问题，这是最靠得住的。（摘自1990年1月24日，陈云同浙江省党政军领导谈话内容）

这15个大字，陈云讲了一生，也坚持了一生。

1961年1月，毛泽东号召"大兴研究调查之风"，在全国搞一个"实事求是"年，一个"调查研究"年。

为响应号召，陈云第一站去到家乡上海青浦，把小蒸公社作为主要考察地。到达小蒸的第二天上午，他就找来了当地十几位比较熟悉的农民座谈。

时任小蒸公社金星大队党支部书记的陈永年回忆："他说你们讲……叫你们来，我就是要听你们的真话、实话，即使讲错了也没有关系的。"

农民们的话匣子一打开，农村的各种问题就暴露出来了。小蒸农民本来长期习惯种一季水稻和一季夏熟作物，而公社为了提高粮食产量，要求农民将单季稻改为双季稻。看起来是件好事，但是农民们却很不满意。

陈云通过调查发现：种双季稻表面看比种单季稻多收220斤，但

实事求是

算上种双季稻使用的稻种、肥料和劳动力各种成本，各项损失总和约300多斤，这样看来，种双季稻反而亏了80多斤，显然是得不偿失的。账算清楚了，道理也就明白了。

陈云说：

作物安排必须因地制宜，历史上长期形成的耕作习惯，不宜轻易变更……这里无霜期还不够长，一般说来不适宜于多种双季稻……不研究客观条件，主观地把"单改双"作为增产粮食的主要措施，是不切合实际的。（摘自陈云《种双季稻不如种蚕豆和单季稻》调查报告）

就这样，小燕从此告别了"伤心稻"。

1961年8月，陈云向中央报送了在青浦进行农村调查时写成的3份调查报告，对于恢复与发展农副业生产起了重要作用。

经过实践检验的好做法要坚持，面对新国情、新问题更要深入调查，展开研究，才能推动进步。

1977年，刚刚结束十年"文革"的中国大地百废待兴。在邓小平的关心下，关闭了11年的高考考场重新打开了大门。一代人的个人命运由此改变，整个社会也感受到了思想解冻、理想重塑的春风。

这一年7月，南京大学哲学系老师胡福明，在医院照顾生病的妻子时，常常蹲在病房走廊昏暗的灯光下，认真查阅著作，他在构思一篇关于真理标准的理论文章。

在《我的学术小传》中，胡福明这样回忆当时写作的过程：

我把《马克思恩格斯选集》《列宁选集》和《毛泽东选集》陆续拿到医院，在走廊灯光下翻阅，寻找有关实践标准的论述，然后用小纸条夹起来，共找了近20条语录。累了，就用几张凳子并起来，睡一会（儿）。随后，又伏在凳子上草拟详细提纲。过了一星期，妻子出院了，学校也放暑假了。于是，我就写作《实践是检验真理的标准》。

9月初，胡福明把文章寄给了曾向自己约稿的《光明日报》。经

中央党校内部刊物《理论动态》（左）和《光明日报》（右）刊登的《实践是检验真理的唯一标准》

实事求是

过多位理论工作者的反复修改，这篇文章从5000多字扩充到约7000字，标题最终确定为《实践是检验真理的唯一标准》。

1978年5月10日，中央党校内部刊物《理论动态》第60期首先刊登了这篇文章，第二天《光明日报》以特约评论员的名义，在头版全文刊登，顿时引起全国的巨大震动。《人民日报》《解放军报》等中央和地方的重要报纸也相继进行转发，引发全社会关注。

许多干部群众和理论工作者都赞成文章的观点，并要求按"实践标准"去处理大量历史遗留问题。但也有人不赞成或不接受文章的观点。

关键时刻，1978年12月13日，邓小平在中央工作会议闭幕会上作了题为《解放思想，实事求是，团结一致向前看》的重要讲话，高度评价了真理标准大讨论。他说：

大家认为进行这个争论很有必要，意义很大。从争论的情况来看，越看越重要。一个党，一个国家，一个民族，如果一切从本本出发，思想僵化，迷信盛行，那它就不能前进，它的生机就停止了，就要亡党亡国。（摘自1978年12月13日，邓小平在中央工作会议闭幕会上的讲话）

邓小平的重要讲话，成为党的十一届三中全会的主题报告，也成为中国特色社会主义建设的宣言书。

也是在1978年，安徽小岗村的18位农民，秘密起草了一份契约：

我们分田到户，每户户主签字盖章，如以后能干，每户保证完成每户的全年上交和公粮，不在（再）向国家伸手要钱要粮……

有了土地的经营权，每一个人都迸发出极大的热情。小岗生产队第二年就获得了丰收，由原来的"讨饭队"一跃成为"冒尖队"。

上下同心开新路。从1982年到1984年，党中央连续下发一号文件，肯定了包干到户和包产到户为主要形式的家庭联产承包责任

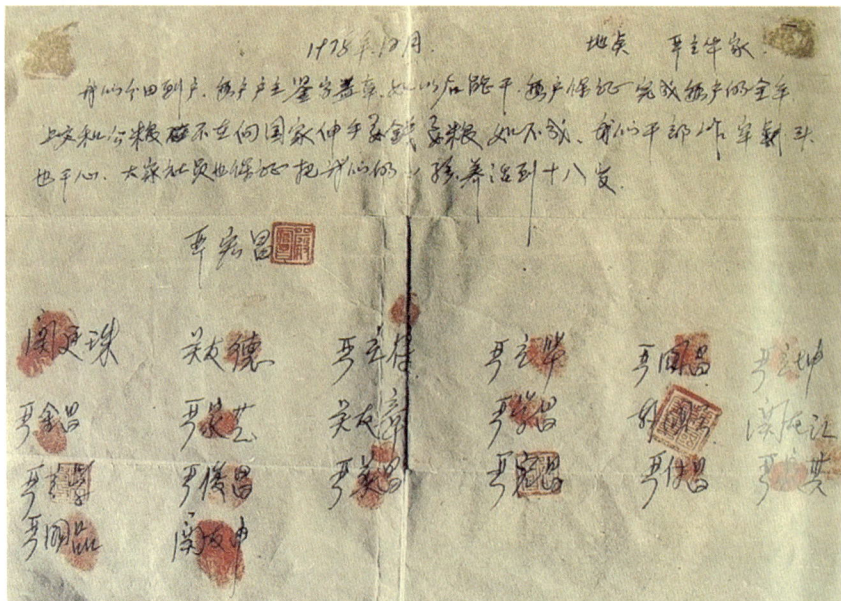

小岗村18位农民按下红手印的契约书

实事求是

制。从此，这一中国农民的伟大创造在全国推行开来。

2018年，一位美国老人在他生前最后一次访华时，终于体验了一次高铁。他就是著名的"中国通"、前哈佛大学费正清东亚研究中心主任傅高义。

从20世纪80年代起，傅高义几乎每年都会来中国。对于中国几十年来的发展，他曾感慨地说："中国发展这么快，我没有想到，恐怕没有一个外国人能想得到。"

他花了10年写成《邓小平时代》，并在书中毫不掩饰对邓小平的钦佩之情。

的确，改革开放40多年来，我们解放思想、实事求是，大胆地试、勇敢地改，真真切切地干出了一片新大地。

2016年1月22日，那是湖南湘西州十八洞村很久以来最热闹的一天。村里的孤儿龙先兰结婚了，许多老人都哭了。

曾对生活失去方向的龙先兰，在驻村扶贫工作队的帮助下，上了农校，学到了知识，开阔了思路，决心养蜂采蜜挣钱。十八洞村山清水秀、花繁叶茂，是极佳的天然蜜源，养蜂前景广阔。凭借养蜂，龙先兰摆脱了贫困，也收获了爱情。

婚礼上，人们既为他摆脱贫困、喜获幸福而感动，也为十八洞村的积极变化而高兴。

在脱贫攻坚战中，不同地区立足本地资源，发挥优势，宜种则种，宜养则养，宜林则林，宜渔则渔，宜工则工，宜商则商，宜游则游，宜搬则搬，全国各个村"八仙过海，各显神通"，走出了符合各地实情、务实管用的脱贫路子。

2018年12月，"精准扶贫"等重要理念被写入联合国大会决议。联合国秘书长古特雷斯表示，精准扶贫方略是帮助贫困人口实现2030年可持续发展议程设定的宏伟目标的唯一途径，中国的经验可以为其他发展中国家提供有益借鉴。

罗伯特·库恩，美国库恩基金会主席，也是著名的"中国通"。2019年，他参与制作的纪录片《前线之声：中国脱贫攻坚》在美国公共广播电视网播出，引起西方观众的广泛热议。

在纪录片的开头，他写道："我是罗伯特·劳伦斯·库恩，我在过去30年里，一直都在观察中国的变化及其面临的挑战。"

纪录片中，库恩深入中国6个最贫困的地区，与接受扶贫的村民、实施扶贫的地方官员和监督扶贫的督导组工作人员近距离接触。

我非常震惊，每一户贫困家庭都有自己的档案，非常清楚地记录了家庭成员的名字和他们的情况，以及针对这种情况制订的脱贫计划。

库恩说，随着拍摄的不断深入，他越来越觉得这场脱贫攻坚战远比之前想象的更加复杂和了不起。

实事求是

　　你了解到何为精准扶贫，它如何影响不同家庭，不同方法怎样帮助他们脱贫。你看到了五级政府如何贯彻这一政策，如何引入第三方评估进行制衡。通过观察精准扶贫如何实施，能看到一幅全面展现中国党政系统运行的生动的微观图景。（后来）我看到了同一套治理体系被运用于抗击新冠疫情中。

　　库恩所说的这幅图景所描绘的，正是中国共产党始终将人民的利益放在首位，沉下心俯下身，坚持一切从实际出发，因地制宜、对症下药，采取接地气、真管用的措施，为人民谋福利，为民族谋复兴。党的十八大以来，以习近平同志为核心的党中央，以巨大的政治勇气和责任担当，把实事求是贯穿到治国理政各个方面、各个环节，也在实践中积累了新的宝贵经验。

　　百年来，中国共产党以实事求是为思想武器，将马克思主义基本原理同中国具体实际相结合，带领中国人民开启中国革命与建设波澜壮阔的历史进程，探索出一条真正符合中国国情的发展道路，并将开拓中国特色社会主义事业更加广阔的前景！

必须坚持实事求是

习近平总书记在中共二十大指出："我们必须坚持解放思想、实事求是、与时俱进、求真务实，一切从实际出发，着眼解决新时代改革开放和社会主义现代化建设的实际问题，不断回答中国之问、世界之问、人民之问、时代之问，作出符合中国实际和时代要求的正确回答，得出符合客观规律的科学认识，形成与时俱进的理论成果，更好指导中国实践。"为此，中共二十大后，全党开展了大规模的调查研究，其目的就是实事求是地了解各方面的实际情况，为正确决策奠定深厚的基础。

《品格》"实事求是"篇章，提供了百年党史上实事求是的典型范例。毛泽东为了反对教条主义，坚持实事求是，撰写了全面论述调查研究问题的经典著作《反对本本主义》。抗日战争时期的抗日民主根据地，为了让不识字、没文化的农民参加民主选举，坚持实事求是，发明了"投豆子"的选举办法。中国人民解放军经过浴血奋战，解放上海，然而战士们休息、睡觉自觉地"不住民房店铺"，并把"不住民房店铺"作为献给上海人民的"见面礼"。陈云实事求是地进行小蒸调查，了解到农村的真实情况，作出正确的符合农村实际的决策。邓小平推动中国改革开放，首先发表的重要讲话，就是《解放思想，实事求是，团结一致向前看》。

实事求是

百年党史，砥砺前行。毛泽东最早提出坚持实事求是，开辟中国革命新道路。大革命时期，毛泽东从大革命策源地广东到家乡湖南，实地调查农民运动，写成《湖南农民运动考察报告》，满腔热忱地赞扬和支持农民运动，成为坚持实事求是的范例。土地革命战争时期，毛泽东在开创农村革命根据地过程中，写下了《中国的红色政权为什么能够存在》《井冈山的斗争》《反对本本主义》《星星之火，可以燎原》等著作，提出"没有调查，没有发言权""马克思主义的'本本'是要学习的，但必须同我国的实际情况相结合""中国革命的胜利要靠中国同志了解中国情况"等著名论断。

毛泽东坚持实事求是，坚持"实践第一"，坚决"反对本本主义"，即反对脱离中国实际情况的教条主义，在实践创新和理论创新过程中，开创农村包围城市、武装夺取政权道路，成为坚持实事求是的典范。长征结束后，毛泽东撰写的《实践论》《矛盾论》《中国革命战争的战略问题》，成为总结实事求是、指导中国革命的经典著作。1938年10月，毛泽东在《中国共产党在民族战争中的地位》中深刻阐述"实事求是"："共产党员应是实事求是的模范，又是具有远见卓识的模范。因为只有实事求是，才能完成确定的任务；只有远见卓识，才能不失前进的方向。"延安整风初始阶段，毛泽东在《反对党八股》中指出："共产党不靠吓人吃饭，而是靠马克思列宁主义的真理吃饭，靠实事求是吃饭，靠科学吃饭。"1940年，毛泽东在《新民主主义论》中指出："科学的态度是'实事求是'，'自以为是'和'好为人师'那样狂妄的态度是决不能解决问题的。"

毛泽东在《改造我们的学习》中科学阐述实事求是的深刻内涵。1941年5月，毛泽东在《改造我们的学习》中对"实事求是"的深刻内涵作了科学阐发。毛泽东认为，"实事"就是客观存在着的一切事物，"是"就是客观事物的内部联系，即规律性，"求"就是我们去研究。我们要从国内外、省内外、县内外、区内外的实际情况出发，从其中引出其固有的而不是臆造的规律性，即找出周围事变的内部联系，作为我们行动的向导。而要这样做，就须不凭主观想象，不凭一时的热情，不凭死的书本，而凭客观存在的事实，详细地占有材料，在马克思列宁主义一般原理的指导下，从这些材料中引出正确的结论。这种结论，不是甲乙丙丁的现象罗列，也不是夸夸其谈的滥调文章，而是科学的结论。这种态度，有实事求是之意，无哗众取宠之心。这种态度，就是党性的表现，就是理论和实际统一的马克思列宁主义的作风。这是一个共产党员起码应该具备的态度。从延安整风开始，实事求是成为中国共产党的思想路线。

毛泽东为中央党校题写"实事求是"校训。1941年底，中央党校负责人彭真去见毛泽东说，其他学校都有校训，而且鲁艺（延安鲁迅艺术学院）、陕公（陕北公学）的校训，还是你为它们制定的。你也为咱们党校制定一个校训吧。毛泽东稍作沉思说："实事求是，不尚空谈。"1943年11月，中央党校为了给学员创造一个

实事求是

更好的学习环境，活跃师生的精神文化生活，全校师生参加，修建了一座大礼堂。彭真去请毛泽东为大礼堂题词，毛泽东高兴地写了"实事求是"四个大字。之后，中央党校将"实事求是"四个大字镌刻在四块方石上，镶嵌在中央党校礼堂正门上方。"实事求是"成为中央党校乃至全党一切工作的指导方针。至今，毛泽东为中央党校题写的校训"实事求是"依然作为全国各级党校的校训，竖立在各级党校的门口。

1945年中国共产党第七次全国代表大会将"实事求是"载入党章。在此期间，毛泽东为《七大纪念册》题词"实事求是，力戒空谈"，发给每一位中共七大代表。从此，"实事求是"成为毛泽东思想的精髓和灵魂。从延安整风起，中国共产党实事求是的思想路线指引着中国革命走向胜利。

新民主主义革命时期，毛泽东将实事求是确立为中国共产党的思想路线。改革开放和社会主义现代化建设新时期，邓小平深刻阐述实事求是，中共十二大正式将实事求是作为中国共产党的思想路线重新载入党章。中国特色社会主义新时代，习近平多次系统阐述实事求是，要求党员干部坚持实事求是，搞好各项工作。

《中共中央关于党的百年奋斗重大成就和历史经验的决议》总结历史经验，强调"坚持实事求是"。百年大党百年奋斗已经证明，"坚持实事求是"是中国共产党"坚持把马克思主义基本原理同中国具体实际相结合、同中华优秀传统文化相结合"进行实践创新和理论创新的重要结晶。实事求是，是指引中国共产党披荆斩棘、开创新路的思想路线。坚持实事求是，贯穿百年大党领导中国革命、建设和改革的伟大进程中，将继续指引中国特色社会主义胜利前进。

（本篇作者：薛庆超）

第五章

独立自主

独立自主

　　百年来，中国共产党带领中国人民百折不挠、接续奋斗，从没有路的地方寻找出路，从只有荆棘的地方开辟出路，独立自主，自己的路自己走，把一个个不可能变为可能。

民族解放、独立

东交民巷，北京最长的胡同。

1949年2月3日，农历正月初六，上午10点多，中国人民解放军从这里昂首阔步通过。

和平解放北平后，在制定解放军入城仪式行进路线时，毛泽东提出了一个简单但非常郑重的要求：必须经过东交民巷。

清廷全权代表庆亲王奕劻（前右一）、李鸿章（前右二）与英、美、俄、德、日等11国签订《辛丑条约》

独立自主

这是拍摄于1901年的一张照片，清政府和帝国主义列强11国代表签订《辛丑条约》。从此，东交民巷成了使馆区，不许中国人在这里自由进出。

1919年5月4日，爱国学生示威游行到东交民巷的西口，向各国使馆提交抗议书，却被使馆巡捕阻拦，烈日下争论两个多小时仍没有进展。在自己国家的领土上却不能自由通行，每一个中国人都感到无比悲愤和屈辱。

直到1949年2月3日，中国人民解放军成为近半个世纪以来第一支进入东交民巷的中国军队。

随军记者刘白羽在《沸腾了的北平城》一文中这样记录这个重大的历史时刻：

欢呼雷动……人群拥上来了，高呼着"万岁"！他们跑进了解放军行列里面，队伍都不好向前走了。欢迎的群众在装甲车上写："你们来了，我们大大快乐！"

澳大利亚汉学家菲茨杰拉尔德在《为什么去中国》里这样写道：

毫无疑问，解放军之所以选择这条道路入城，是要强调新政权的独立和它拥有的权力，藐视迄今为止外交使团直接控制下的外国使馆区的独立地位。自从义和团运动被镇压，中国军队倘若走过这条大街，就是违反条约。可是，沧桑巨变，时过境迁，再也不会有外国卫队去阻止解放军前进的脚步了。

开国大典上，毛泽东向全世界宣布："中华人民共和国中央人民政府今天成立了。"

"中国人从此站立起来了！"当新中国发出这样的声音时，世界也许还没有当真。

新中国的立国之战

刚刚成立的新中国，考验接踵而至。正当中国人民全力以赴地为巩固人民政权、恢复国民经济而努力的时候，一片浓密的乌云突然出现在中国东北边境上空——1950年6月25日，朝鲜战争爆发。

而3个多月后的1950年10月1日，正是新中国的第一个国庆节。就在这一天，朝鲜战场上，美国组建的"联合国军"越过了"三八线"。当时的新中国与美国国力相差巨大。抗美援朝战争，必将是一场力量悬殊的战争。

出兵，或者不出兵？牵一发而动全身。

1950年10月4日，彭德怀被紧急召到北京参加中央政治局扩大会议。后来他在《彭德怀自述》中记道：

独立自主

当晚怎么也睡不着……想着美国占领朝鲜与我隔江相望，威胁我东北，又控制我台湾，威胁我上海、华东。它要发动侵华战争，随时都可以找到借口。老虎是要吃人的，什么时候吃，决定于它的肠胃，向它让步是不行的。它既要来侵略，我就要反侵略。

中国和朝鲜唇齿相依。不打，就可能被侵略；打回去，才能保证国家的安全和独立。经过反复权衡利弊，中共中央政治局一致得出"应当参战，必须参战。参战利益极大，不参战损害极大"的结论，作出抗美援朝、保家卫国的决策。毛泽东发布命令，组建以彭德怀为司令员兼政治委员的中国人民志愿军。

中国人民志愿军跨过鸭绿江

1950年10月19日，彭德怀率领中国人民志愿军26万人，在没有空军掩护的条件下，跨过鸭绿江，开赴朝鲜战场。

他们在10月25日首战告捷，拉开了抗美援朝战争的序幕。

经过艰苦卓绝的战争，1953年7月27日，朝鲜停战协定在板门店签字。彭德怀发表讲话说："朝鲜停战证明，一个觉醒了的、爱好自由的民族，当它为祖国的光荣和独立而奋起战斗的时候，是不可战胜的。"

而"联合国军"总司令克拉克哀叹道："我成了历史上签订没有胜利的停战条约的第一位美国陆军司令官。"

美国历史学家哈伯斯塔姆回忆朝鲜战争，在《最寒冷的冬天：美国人眼中的朝鲜战争》中这样写道：

对许多美国人而言，朝鲜战争始终是历史中的一个黑洞。停火的第二年，它就变成了一场没人愿意再去回忆和了解的战争……对中国人而言，这是一次值得自豪的成功……朝鲜战争代表的不仅是一场胜利……也是新中国的又一次解放，与长期受西方列强压迫的旧中国的彻底决裂。

"打得一拳开，免得百拳来。"抗美援朝战争打破了美军不可战胜的神话，冲破了100年来西方世界对中国的傲慢与偏见。这是新中国的立国之战，从此，中国以一个真正独立、团结统一的国家形

独立自主

象，屹立于世界东方。

美国军事史专家沃尔特·赫尔姆斯在《朝鲜战争中的美国陆军》中写道："美国及其盟国再清楚不过地看出，中国共产党已成为一个可怕的对手。中国再也不是第二次世界大战时那个软弱无能的国家了。"

独立自主的和平外交政策

1919年，在第一次世界大战后的巴黎和会上，中国作为战胜国之一，希望收回战败国德国在山东攫取的一切特权，但西方列强竟无视中国政府的合理要求，将一切特权转交给日本。

作为战胜国的中国，竟然不能从战败国手中恢复主权完整。因国力衰弱，当时的中国无法摆脱列强的干涉，独立自主成为奢望，捍卫国家权益成为泡影。

1954年4月26日，为讨论和平解决朝鲜问题和印度支那问题，由苏联、美国、法国、英国和中国五大国及其他有关国家参加的国际会议在日内瓦召开。周恩来率中国政府代表团参加，这是新中国首次参加政府间多边国际会议。

周恩来带领中国代表团，推动了印度支那问题的和平解决，结束了法国在那里长达8年的殖民战争。这是我国独立自主的和平外交政策的开始。

日内瓦会议休会期间，周恩来应邀访问印度和缅甸，提出了和平共处五项原则。一个独立的新中国走向世界，为世界和平、人类进步作出贡献。

仅仅一年后的1955年，在第一次由亚非国家独立举行的国际会议——万隆会议上，中国的和平外交政策获得亚非国家的广泛支持。从"万隆精神"撒播的种子到"命运共同体"的开花结果，中国独立自主的和平外交政策一以贯之。坚持各国和平共处，合作共赢，共同发展的全球治理新理念必将根深叶茂。

日内瓦会议最后一次全体会议

独立自主

独立自主闯新路

回顾历史，独立自主的道路得来不易。中国共产党刚成立时，作为共产国际的一个支部，在一段时期内处于被动接受命令状态。

即使在那时，中国共产党也在尝试依靠自己的力量解决问题。土地革命时期，在国民党的封锁下，苏区提出了"战争为了生产，生产为了战争"的口号，并成立中华钨矿公司，从1932年到1934年10月中央红军长征前，钨砂贸易总计创造了620万元的财富，这些财富维持苏区政府的运作，也为养活10万红军作出了贡献。

长征开始后，1935年1月15日至17日，中共中央在遵义召开的政治局扩大会议上，事实上确立了毛泽东的领导地位。

生死攸关之际，中国共产党依靠自己做出了正确决定。也正是这个决定，挽救了党，挽救了红军，挽救了中国革命。从此，独立自主，自己的路要自己走的品质就流淌在了中国共产党人的血液里。

遵义会议会议室

自力更生

1935年9月，中共中央把长征的落脚点选在了陕北。10月19日到达陕北吴起镇。1937年1月移驻延安。从此以延安为中心的陕甘宁广大区域开始与中国革命的命运紧密相连。中共中央在陕北和延安度过了13年峥嵘岁月。独立自主、自力更生，经过13年的磨砺，中国共产党由小到大、由弱到强，从低谷走向高峰，最终扭转了中国的乾坤。

1940年，日本侵略军对中国共产党领导下的抗日根据地实行野

独立自主

蛮的"烧光、杀光、抢光"政策。国民党也对陕甘宁边区和各抗日根据地实行经济封锁。

根据地的财政经济发生了极大的困难，军队的供给濒于断绝。毛泽东开始考虑"自己解决"这些供应的可能性。在1938年后方军事系统干部会上的讲话中，他讲道：

> 要想到有一天没有钱、没有饭吃，那该怎么办？无非三种办法，第一饿死；第二解散；第三不饿死也不解散，就得要生产。我们来一个动员，我们几万人下一个决心，自己弄饭吃，自己搞衣服穿，衣、食、住、行统统由自己解决，我看有这种可能。

1939年2月，在陕甘宁边区干部生产动员大会上，毛泽东提出"自己动手，丰衣足食"的号召。当时，大生产运动的总方针是"发展经济，保障供给"。

359旅在南泥湾开荒

1941年3月，在旅长王震率领下，359旅开赴荒无人烟的南泥湾，开荒生产，荒凉的南泥湾变成了"粮食堆满仓，麦田翻金浪，猪牛羊肥壮"的"陕北的好江南"。

1944年6月，伊斯雷尔·爱泼斯坦作为美国《纽约时报》《时代》杂志的记者参加了"中外记者采访团"，到延安和敌后根据地采访。去接他们的，正是王震，南泥湾是他们参观访问的第一站。

爱泼斯坦在《我访问延安：1944年的通讯和家书》中记述了他的见闻：

我们去访问359旅，该旅已经开垦了2.5万亩田，得到两倍于他们所需要的食粮和棉花，剩余的东西，卖给政府或市场，将所得按照他们每人所花的工作日平均分配。

记者团在延安采访了一个月左右的时间，整个延安热情的生产氛围给他们留下了深刻印象。美国《纽约时报》记者福尔曼在《北行漫记》中这样记录：

每个人，上到最高政府官员，下至基层的农民，都订出了自己的生产计划……毛泽东在他小小的菜地里种了洋葱，朱德种了莴苣和白菜。

独立自主

热火朝天的生产生活感染了每一位到过延安的记者。美国记者白修德在《中国的惊雷》中记述：

所有的政府官员和党员都得耕地，这样来生产他们自己的粮食，同时也就减除了当地农民身上的负担……党和党的工作人员赖以为生的不是税收，而是他们自己额头上的汗水。

所有到过延安的记者，都对这个自立自强、充满激情的中国共产党领导下的新政权充满了希望。

延安是劳动者的社会。那些提议国民党封锁的人绝没有料到会有这样的结果，他们毫无疑问使延安政府能够进一步开发民族复兴的资源。（摘自美国记者福尔曼《北行漫记》）

这里的人民也比其他地区真正积极得多。他们充分相信，他们代表中国，代表中国的未来。（摘自美国记者爱泼斯坦《见证中国：爱泼斯坦回忆录》）

山沟窑洞、小米加步枪，中国共产党人硬是凭借着"自己动手，丰衣足食"的志气，让延安成为革命圣地。这份自己的路自己走的勇毅和坚定，也被中国共产党人注入中华人民共和国的气质中，成为新中国亮丽的底色。

建立独立自主的工业体系

新中国的第一个五年计划是在苏联的帮助下完成的，但对于照搬、抄袭苏联，毛泽东一直不满意。他在《读苏联〈政治经济学教科书〉的谈话》中讲道：

解放后，三年恢复时期，对搞建设，我们是懵懵懂懂的。接着搞第一个五年计划，对建设还是懵懵懂懂的，只能基本上照抄苏联的办法，但总觉得不满意，心情不舒畅。

周恩来曾经描述过他的"大工业之梦"：中国要能够生产足够的主要的原材料；能够独立地制造机器，包括重型机器和精密机器；还能有相应的化学工业、动力工业、运输业、轻工业、农业等。而此时，新中国的工业基础几乎为零，不仅造不出一辆汽车、一辆坦克，连一颗合格的螺丝钉都造不出来。周恩来总理曾说：

任何一个国家建设社会主义总要有一点独立的能力，更不用说像我们这样一个大国。太小的国家，原料很缺，不可能不靠旁的国家。而我们这样的大国，就必须建立自己的完整的工业体系，不然一旦风吹草动，没有任何一个国家能够支援我们完全解决问题。（摘自1956年周恩来《经济建设的几个方针性问题》）

自力更生，天堑变通途

长江是中国第一大河流，它滋养了中华文明，也隔断了中华大地的南北交通。要构建新中国的工业体系，首先要打通数千年来被长江隔断的交通。

江苏省档案馆里，有一份1958年中共江苏省委申请修建南京长江大桥的报告——

轮渡口积压待运的物资常在

人物档案

梅旸春（1900—1962），字秀珊，江西省南昌市人，杰出桥梁专家。在南昌中学毕业后考入清华大学土木系，后又入电机系加读两年，1923年毕业，公派赴美深造，入美国普渡大学机械系学习，获硕士学位。曾参与设计或主持建设钱塘江大桥、澜沧江大桥、南京长江大桥和武汉长江大桥等多座特大型桥梁。

10万吨左右。上海市和其他各省过境的物资及本省需渡江南运的物资，至1962年，将超过现有通过能力的11倍强。兴建浦口至南京间的长江大桥已属势在必行。

在南京江边修建长江大桥已成当务之急，于是国家正式决定修建南京长江大桥。1958年，梅旸春被任命为中华人民共和国铁道部基建总局总工程师，负责南京长江大桥的设计建造。

梅旸春年轻时赴美国留学，回国后作为著名桥梁专家茅以升的主要助手，参与修建了钱塘江大桥。1937年9月26日，钱塘江大桥正式建成，但就在89天后，为阻断侵华日军南下，钱塘江大桥被炸毁。

1940 年 11 月 4 日，昌淦桥建成通车

独立自主

1940年11月4日，横跨澜沧江，经梅旸春审核的昌淦桥建成通车，遗憾的是，建成42天便被日军炸毁。

由于日本的侵略，梅旸春的心血之作屡次被毁。山河破碎，竟然容不下他安安稳稳修一座桥。梅旸春备感痛心。

当新中国成立，民族独立、人民解放，崭新的中国自立于世界时，梅旸春是激动的。他太想为新中国自主建设一座自己的大桥了！

1959年，梅旸春收到周恩来总理亲自签署的南京长江大桥总工程师任命书。从1928年留美学成归来到这一天，他等了整整31年。

梅旸春面临的第一道难题是水下基础工程。长江南京段江面宽阔，水底岩层极其复杂。世界各地都难以找到可以借鉴的经验。而水下基础对一座桥梁来说是至关重要的。

管柱法是当时通常使用的施工方法。然而，由于南京长江大桥水下淤泥很厚，江底岩层有很多破碎带，如果管柱下得太深，长度过大，就会引起桥墩顶端晃动过大，影响桥梁安全。

经过深思熟虑和周密计算，梅旸春创造性地提出了沉井加管柱的方案。

随着沉井一截一截下沉，梅旸春悬着的心也一点一点放下。一号墩终于成功了，沉井下沉深度超过当时的世界纪录。

大桥建设的难题一个接着一个。

由于国际形势严峻，当时无法买到大桥建设所需的钢材。没有钢材，对南京长江大桥的施工来说就是巧妇难为无米之炊。怎么

鞍山钢铁集团博物馆里的"争气钢"

办？只能背水一战，自己造。

鞍山钢铁集团博物馆里有一块并不起眼的钢块，它被称为"争气钢"，是中国人自己研制出来的第一款高强度桥梁钢。

1960年，为了研制出适用于南京长江大桥的钢材，当时的鞍山钢铁公司成立了科研小组。根据中国铁矿石的特点，科研小组决定在原有钢产品的基础上，炼制16锰低合金桥梁钢。

科研小组日夜不停地试验，终于生产出16锰低合金桥梁钢。这种钢材经过岁月的考验，至今依然是中国建桥行业用途最广的一种钢材。

1968年9月30日，一列7节车厢的火车，从南京长江大桥铁路桥平稳驶过，原来轮渡过江需要将近2个小时，现在只需短短2分钟。

独立自主

南京长江大桥

3个月后，1968年12月29日，南京长江大桥的公路桥也竣工通车。

南京长江大桥是长江上第一座由中国自行设计和建造的双层式铁路、公路两用桥梁。它完全依靠中国人自己的力量建造。人们把它叫作"争气桥"。

大桥也成为20世纪70年代国内最为时髦的符号：粮票、糖盒、镜子、课本、练习簿，很多产品都以南京长江大桥的图像作装饰。

直到现在，半个多世纪的超负荷运行结果证明，这座由中国自主设计、自行施工、采用国产材料建造的桥梁，建造技术达到当时国际先进水平。

中国人民在物资匮乏和毫无外援的条件下，展现出来的坚韧、勇敢和智慧，令世人刮目相看。

武汉青山长江大桥

2021年4月30日通车的武汉青山长江大桥，双向10车道，是最宽的长江大桥；主跨938米，是世界上跨度最大的全漂浮体系斜拉桥；主塔高279.5米，是世界上最高的"A"型塔。

气派的青山长江大桥与500公里外的南京长江大桥遥遥相望。它们记录和见证了中国大工业之梦的开始与发展。

独立自主

自主创新，向航天强国进军

这是1980年5月，时任海军司令员的刘华清访问美国，参观"小鹰"号航母时拍摄的照片。回国后，他说："如果中国不建航母，我死不瞑目。"这是中国人的航母梦。建设海洋强国成为一代代中国人的梦想。

航空母舰，是一个国家海军实力的象征，是一个国家综合实力的体现，建设海洋强国，离不开自主建设中国自己的航空母舰，独立发展中国自己的舰载机。

2012年9月25日，中国第一艘航空母舰辽宁舰正式交付海军。

仅仅2个月后，2012年11月23日，戴明盟驾驶中国第一架航母舰载机，在辽宁舰上完成阻拦着舰和滑跃起飞，实

刘华清参观"小鹰"号航母

戴明盟驾驶编号 552 的歼 -15 舰载战斗机成功着舰

现了中国人百年的航母梦想。

这完美的一落，完全是中国的试飞员们靠自己的经验和智慧独立自主地摸索出来的。成功着舰的那一刻，掌声响彻整个辽宁舰。有人冲过去一把抱住刚从飞机上下来的戴明盟，用力拍打着他的背脊，激动得话都说不出来。这个人，是歼-15舰载战斗机总设计师孙聪。从孙聪负责设计，到戴明盟试飞，中间还有一个环节，就是研制，这一步的负责人是罗阳。在人群欢腾雀跃的那个时刻，罗阳没有进入镜头。

两天后，辽宁舰胜利返航，岸上，是等待和欢迎全舰官兵的兴奋的同事，大家以拥抱来庆祝胜利。而罗阳在这个时候，已经连拥抱的力气都没有了。几个小时后，罗阳突发急性心肌梗死、心源性猝死，经抢救无效去世，这一年，他才51岁。

独立自主

罗阳，1961年6月29日出生于沈阳。在他出生的这一年，新中国第一个飞机总体设计研究所——沈阳所正式成立。时光倒转10年，同一天，1951年的6月29日，新中国航空工业第一大型企业——沈飞集团的前身"沈阳飞机制造厂"正式创建。

也许是巧合，也许是命中注定，罗阳21岁进入沈阳所工作，41岁到沈飞，他一生的工作融入了中国航空事业的发展，他见证、开创了中国自主研制的战机壮丽起飞的岁月。

经历过20世纪80年代国家政策调整带来的战斗机发展停滞时期，罗阳无比珍惜能够为国家战斗机的研制贡献力量的机会。

2002年，罗阳到沈飞担任党委书记。那时中国空军装备跟世界先进水平的差距在20到30年。罗阳曾感慨：

我们最大的追求，或者说理想，就是通过我们自己的努力，使得我们国防工业，能够更加强大起来，能够缩小跟发达国家的差距。

要缩小差距，要独立自主地制造我们自己的先进战机，只能一个接一个地干，争分夺秒地赶。一个个重点型号战斗机的研制排在日程上。

他同时担任5个型号飞机的现场总指挥，歼-15是其中风险最大的一个，这是我国完全自主研发制造的舰载战斗机，研制周期短，生产难度高。罗阳提出了设计与制造并行的新模式，同步推进，以提高效率。

　　孙聪是罗阳的师弟，他们有着近30年并肩奋战的情谊。正是他们的科学管理和紧密合作，歼-15取得十大类200多项技术突破，从设计发图到首飞成功，仅用了不到一年的时间，创造了我国战机研制的新纪录。

　　他非常理解罗阳为什么这么拼，在采访中，孙聪说："我们觉得现在就是时不我待。这是没招儿的一个办法。对于我们中华民族追赶世界先进行列的国家来说，如果我们不加紧，它（那些国家）也在前进。我们以同样的速度，永远追不上。"

　　航空强国、海洋强国的建设绝非易事，追赶世界先进行列的过程中，要实现从零到一、从无到有的飞跃，中国的科研人员所能依靠的，是独立自主的志气，是智慧和努力拼搏、积极奉献、埋头苦

罗阳（左）与孙聪（右）的合影

独立自主

干，正是如此，才有了战机翱翔、航母前行。

1992年9月21日，中国载人航天工程正式拉开序幕，确立了稳扎稳打的"三步走"战略。数十年来，为了独立自主建成完整的载人航天体系，无数中国航天人前赴后继。

2003年10月15日，杨利伟乘坐神舟五号飞船，首次实现了中华民族千年飞天梦想。首飞，意味着要用生命去探索未知的风险。在巨大的轰鸣声中，人们注视着地面指挥大厅里的屏幕，画面中的杨利伟闭着双眼一动不动。

原来，当火箭上升到三四十公里的时候，火箭和飞船开始急剧振动产生了共振，这种低频使得内脏也产生共振。杨利伟在自传《天地九重》中，回忆了当时的情形：

> 痛苦的感觉越来越强烈，五脏六腑似乎都要碎了……心里就觉得自己快不行了，要承受不住了……在痛苦的极点，就在刚才短短一刹那，我真的以为自己要牺牲了。

这个过程持续

杨利伟

了26秒，对杨利伟来说，却是生死之间漫长的考验，他在《天地九重》中写道：

3分20秒，在整流罩打开后，外面的光线透过舷窗一下子照进来。阳光很刺眼，我的眼睛忍不住眨了一下。就这一下，指挥大厅有人大声喊道："快看啊，他眨眼了，利伟还活着！"

飞船在起飞之后发生振动的情况是非正常的。要想独立自主建成完整的载人航天系统，探索的过程总是伴随着开拓与冒险，航天员们的第一手经验给完善载人航天系统提供了宝贵的经验，设计人员一次次改进工艺，解决问题。

2008年9月25日，神舟七号成功发射。此次航天员的主要任务，是验证太空出舱行走。

2008年9月27日下午，全世界的目光都聚焦在中国航天员翟志刚、刘伯明和景海鹏身上，但在出舱环节，意外发生了。

刘伯明说："我看翟志刚使尽了全身的力气拉舱门，当时舱门丝毫未动。我说地面很容易做到的事情，为什么舱门拉不开。"

翟志刚很清楚这意味着什么："如果门打不开，那我肯定就出不去。我要是出不去，神舟七号的飞行任务就没有完成。"

打不开舱门就无法完成任务，两人万分着急。航天员的理智让刘伯明作出选择："我下定了决心，从舱内找到了一根金属的撬棍

独立自主

递给了志刚。"

　　"当通过辅助工具把舱门撬开一条缝的时候，"翟志刚形容当时的自己，"明显那个心情就像瞬间打开一个小窗户一样，当时想象的就是心花怒放。"

　　就在翟志刚准备出舱时，轨道舱突然响起了火灾警报。面对这样的生死考验，他们果断而迅速地做出了决定。按照出舱程序，翟志刚出舱后首先要取回舱外的一块固体材料的试验模块，然后再展示国旗。

　　那天，3名航天员临时决定改变出舱程序，首先展示五星红旗。

　　刘伯明告诉记者："我们执行任务目的是什么，就是要出舱。那么最具代表性的，让五星红旗在太空高高飘扬，证明我们来到了太空。当时展示红旗，就是已经做好了牺牲的准备。"

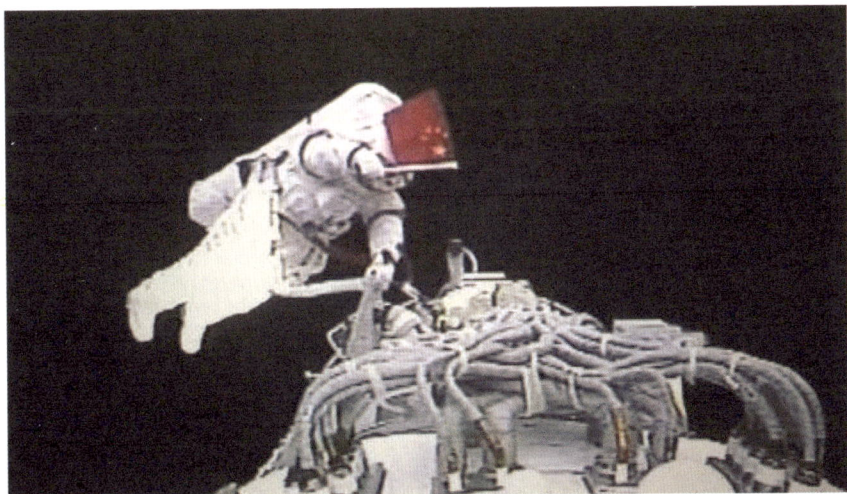

执行神舟七号载人航天飞行出舱活动任务的航天员翟志刚出舱后挥动中国国旗

神舟十二号成功发射

"5——

4——

3——

2——

1——

点火——"

2021年6月17日上午9点22分，搭载着神舟十二号载人飞船的长征二号F遥十二运载火箭在酒泉卫星发射中心点火升空。这是我国载人航天工程立项实施以来的第19次飞行任务，也是空间站阶段的首次载人飞行任务。

发射约6小时32分后，神舟十二号顺利完成入轨状态设置，采用自主快速交会对接模式与天和核心舱成功对接。

独立自主

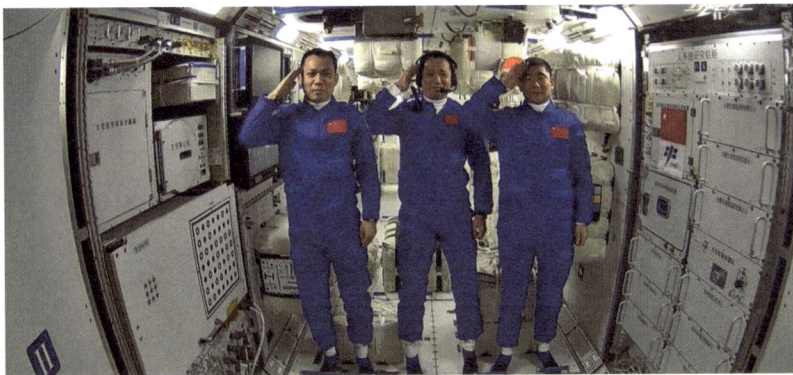

聂海胜（中）、刘伯明（右）、汤洪波（左）3人在天和核心舱向全国人民敬礼致意的画面

2021年6月17日18时48分，聂海胜、刘伯明、汤洪波3名航天员先后进入天和核心舱。中国人首次进入了自己的空间站。

对于这次历史性的进展，航天科技集团五院载人航天工程空间站系统总设计师杨宏说："整个中国载人航天所走的路子就是坚持独立自主这个路子，我们就立足于我们中国的力量来自主进行研发，所以必须得要我们独立自主地去发展自己。"

中国空间站，是中国的"太空母港"，由我国自主建造，实现了部组件全部国产化，原材料全部国产化，关键核心元器件100%自主可控。

中华民族的飞天征程，站在了新的起点上。中国空间站建成之后，将是我国长期在轨稳定运行的国家太空实验室。它的建造，依靠的是中国人自主发展载人航天事业的决心和才智，离不开一代代航天人独立自主、自力更生的接续奋斗。

东风革命烈士纪念碑

为了这个目标，一代代航天人做好了为祖国航天事业发展献出一切的准备。可能是青春，也可能是生命。

中国大西北巴丹吉林沙漠边缘的酒泉卫星发射中心东风革命烈士陵园里长眠着730多位献身航天事业的先辈，矗立着的纪念碑铭记着中国航天人的奉献与牺牲精神。

在实现中华民族伟大复兴的中国梦过程中，正因有了无数中华儿女的无私奉献、无畏牺牲，中国人才把国家民族的命运牢牢掌握在自己手中，书写出中华民族历史上一个又一个的辉煌。

从选择民族解放独立之路，到建设大工业体系之路，到探索改革开放富民之路，再到建设新时代中国特色社会主义之路，中华民族从站起来、富起来，到强起来，这些成就，不是天上掉下来的，更不是别人恩赐施舍的，是全党全国各族人民用勤劳、智慧、勇气干出来的。

中国的昨天，已经写在史册，中国的今天，正在亿万人民手中创造。我们走自己的路，具有无比广阔的舞台，具有无比深厚的历史底蕴，具有无比强大的前进动力。

独立自主

| 学 | 有 | 所 | 悟 |

必须坚持独立自主

习近平总书记指出："我们党在领导革命、建设、改革长期实践中，历来坚持独立自主开拓前进道路，这种独立自主的探索和实践精神，这种坚持走自己的路的坚定信心和决心，是我们党全部理论和实践的立足点，也是党和人民事业不断从胜利走向胜利的根本保证。"《品格》的独立自主篇章，为广大读者展示了百年党史上坚持独立自主的生动故事，从中得出任何时候都必须坚持独立自主的深刻结论。

坚持独立自主原则。1935年1月，中共中央政治局在长征途中举行的遵义扩大会议，独立自主地作出一系列重大决策，事实上确立了毛泽东在中央的领导地位，实现伟大的历史转折，奠定中国共产党走向胜利的重要基石。遵义会议决定："（一）毛泽东同志选为（中央政治局）常委。（二）指定洛甫同志（即张闻天）起草（遵义会议）决议。委托常委审查后，发到支部中去讨论。（三）常委中再进行适当的分工。（四）取消三人团，仍由最高军事首长朱（德）、周（恩来）为军事指挥者，而恩来同志是党内委托的对于军事指挥上下最后决心的负责者。"中国特色社会主义新时代通过的《中共中央关于党的百年奋斗重大成就和历史经验的决议》指出："一九三五年一月，中央政治局在长征途中举行遵义会议，事实上确立了毛泽东同志在党中央和红军的领导地位，开始确立以毛泽东同志为主要代表的马克思主义正确路线在党中央的领导地位，开始形成以毛泽东同志为核心的党的第一代中央领导集体，开启了党独立自主解决中国革命实际问题新阶段，在最危急关头挽救了党、挽救了红军、挽救了中国革命，并且在这以后使党能够战胜张国焘的分裂主义，胜利完成长征，打开中国革命新局面。这在党的历史上是一个生死攸关的转折点。"坚持独立自主是遵义会议实现伟大历史转折的关键，也是赢得新民主主义革命胜利、实现中华民族伟大复兴的关键。

独立自主，自力更生，开展大生产运动。抗日战争时期，各个抗日民主根据地都开展了大生产运动。大生产运动怎么来的呢？有一天，陕甘宁边区召开县长联席会议，忽然天上打雷，把陕甘宁边区政府小礼堂一个木柱子劈断了，坐在旁边的延川县代理县长李彩云猝不及防，被劈死了。那时，人民群众缺乏科学知识，有的群众就发牢骚说："哎呀，天打雷怎么把县长给劈死了，为啥没把毛主席给打死？"陕甘宁边区保安处听到这类谣言后，准备抓人。毛泽东知道后，说不要抓人，先把情况了解清楚再说嘛！经过调查研究，发现那一年陕甘宁边区征收公粮较多，一些群众有意见。毛泽东立即召开中共中央会议，实事求是地研究人民群众的负担情况，决定减少一部分公粮征收任务。同时决定，独立自主，自力更生，开展大生产运动。通过"自己动手"，实现了"丰衣足食"。

独立自主

　　毛泽东认为北平入城式必须经过东交民巷。北平东交民巷是帝国主义侵略中国的重要基地，在旧中国，中国军警不得入内，北平解放前，东交民巷属于"国中之国"。北平解放后，根据中共中央的决定，1949年2月3日，中国人民解放军举行规模盛大、威武雄壮的北平入城式。当天上午10时，中国人民解放军平津前线指挥部发射的信号弹腾空而起——中国人民解放军北平入城式正式开始。首先是中国人民解放军军乐队，接着是胜利之师的装甲车、坦克、炮兵、骑兵、步兵部队。特种兵纵队的坦克、装甲车，炮兵部队由美制大卡车牵引的战防炮、高射炮、榴弹炮、加农炮等，格外引人注目。根据毛泽东的要求，中国人民解放军入城部队从东交民巷经过，展示了站起来的中华民族的崭新面貌。北平的大街两侧，北平市民、学生和工人等社会各界人士，手持彩旗，热烈欢迎中国人民解放军。热情洋溢的大学生们，将"庆祝北平解放""欢迎解放军""解放全中国"的欢迎标语贴在一辆辆装甲车上。中国人民解放军北平入城式在全国和全世界引起强烈反响。一家外国通讯社从北平发出新闻："中国人民解放军入城，规模空前未有，士气十分高涨，装备异常精良，实为一支强大的有战斗力的部队。""中国革命方兴未艾，南京当局大势已去。"

　　坚持独立自主，中国建立独立自主的工业体系。新中国成立并基本完成社会主义改造后，中国共产党领导全国各族人民开始转入全面的大规模的社会主义建设。以1966年同1956年相比，全国工业固定资产按原价计算，增长了3倍。棉纱、原煤、发电量、原油、钢铁和机械设备等主要工业产品的产量，都有巨大的增长。从1965年起实现了石油全部自给。电子工业、石油化工等一批新兴的工业部门建设了起来。工业布局有了改善。农业的基本建设和技术改造开始大规模地展开，并逐渐收到成效。全国农用拖拉机和化肥施用量都增长6倍以上，农村用电量增长70倍。高等学校的毕业生为前7年的4.9倍。经过整顿，教育质量得到显著提高。科学技术工作也有比较突出的成果。同时，中华人民共和国坚持独立自主的和平外交政策，在日内瓦会议和万隆会议上向世界宣示了和平共处五项原则，赢得了世界人民的尊重。20世纪60年代，中国坚持独立自主、自力更生，建成南京长江大桥，天堑变通途。中国特色社会主义新时代，中国坚持独立自主，实现自主创新，正在向航天强国进军。

2022年7月26日，习近平总书记在省部级主要领导干部专题研讨班的讲话中强调，世界上既不存在定于一尊的现代化模式，也不存在放之四海而皆准的现代化标准。我们推进的现代化，是中国共产党领导的社会主义现代化，必须坚持以中国式现代化全面推进中华民族伟大复兴，既不走封闭僵化的老路，也不走改旗易帜的邪路，坚持把国家和民族发展放在自己力量的基点上，把中国发展进步的命运牢牢掌握在自己手中。

（本篇作者：薛庆超）

第六章

敢为人先

敢为人先

　　100年前，具有伟大创造精神的中国共产党在嘉兴南湖红船上诞生了。从那一刻开始，开天辟地、敢为人先、勇于创新求变的基因便烙刻在这伟大政党的品格之中。在百年风华的悠悠岁月中，它创造性地开辟了农村包围城市的革命道路，实现了新民主主义革命的胜利，它以非凡的勇气一次次自我革新，创造性地走出一条中国特色社会主义道路。这是一个历经百年却永远生机勃勃的政党。它带领中国人民创造的一个个奇迹背后，凝结着创新的激情与变革的力量。

由变求通，以变制胜

我们都是神枪手，每一颗子弹消灭一个敌人，我们都是飞行军，哪怕那山高水又深……

创作于1937年的《游击队之歌》，流传到今天已经80多年了。那一年，抗日战争全面爆发，著名音乐家贺绿汀参加了上海文艺界抗日救亡演剧队，宣传抗日。他见到了八路军的指战员，对他们的游击战法产生了浓厚的兴趣。于是，在战区的煤油灯下，贺绿汀创作了不朽的战歌《游击队之歌》：

哪怕日本强盗凶，我们的兄弟打起仗来真英勇；哪怕敌人枪炮狠，找不到我们人和影……

贺绿汀

敢为人先

这些经典的游击战法在抗日战争时期让侵略军大吃苦头，游击队天马行空、不拘一格的战斗技巧可以追溯到人民军队创立之初。

1929年4月5日，毛泽东在《中共红四军前委给中央的信》中首次以总结性文字完整表述游击战术的内涵，就是"敌进我退，敌驻我扰，敌疲我打，敌退我追"。

以弱小的力量，对付强大的敌人。游击战的战略战术是在艰难的革命斗争中，不断吸收、创新、摸索出来的。在漫长的革命岁月里，共产党人在战斗中学习战斗，一步步领悟到求新求变的重要，领悟到"法无定法"，要"由变求通，以变制胜"。

侵华日军战犯冈村宁次在他的回忆录中对共产党的游击队这样描述：

共军的确长于谍报，而且足智多谋，故经常出现我小部队被全歼的惨状……有一天，一座碉堡上发现由村子那边过来一队送葬行列。如此大殡实在少见，当行列走近碉堡旁时，分队长等人完全不加思索放下吊桥，突然送殡人群大乱，许多手枪一起齐射，分队长等应声倒毙。

解放战争时期，解放军又发明了秘密武器"特大威力炮"，其实就是飞雷。在空汽油桶中填充炸药后，把捆扎成圆盘形的炸药包放进去点燃发射，飞雷的使用被形象地称作"天女散花"。在淮海战役中，黄维兵团苦心经营的"硬核桃"工事，就被这些重型飞雷炸成一片废墟，其兵力防御也被"天女散花"击溃了。

中国共产党始终把马克思主义的基本原理和中国实际相结合，不仅在战争年代走出一条独特的新民主主义革命道路，更是在建设时期和改革开放年代开辟了一条中国特色社会主义道路。

艰难而又大胆的
制度创新和改革

深圳南头半岛东南部便是蛇口。它东临深圳湾，西依珠江口，与香港的元朗流浮山隔海相望。40多年前，开山填海的一声炮响，中国内地第一个出口加工区蛇口工业区在1979年开工建设了。袁庚，是第一任蛇口工业区管委会主任，也是改革开放试验田"蛇口模式"的探索创立者。作为1939年就加入了中国共产党的老党员，这一年，袁庚61岁了，已是告老还乡的年纪。这一年4月，邓小平做出批示："中央没有钱，可以给些政策，你们自己去搞，杀出一条血路来。"

既然名为"血路"，便不是寻常安稳的路。对这位老革命来说，"改革"的风险不言自明。越是大的风险，越需要共产党人担下来。

1979年，林小静成为蛇口工业区的第一位打字员。在林小静的印象中，袁庚总是乘着快艇来到码头，一下船，顾不上吃饭就跑去看工程进度。林小静说："他每个礼拜都会来一次到两次，因为他的想法是跟别人不一样的，他说因为这个钱是贷款的，天天要给

袁庚（1917—2016），原名欧阳汝山，出生于广东省宝安县大鹏镇（今深圳龙岗区大鹏街道）。少年时期，接受进步思想，追求革命真理，积极参加抗日救亡活动。1939年3月加入中国共产党。袁庚是中国改革开放事业的重要探索者。2018年，被授予"改革先锋"称号，并获评改革开放试验田"蛇口模式"的探索创立者。

银行交利息，什么时候能收回成本，他就想这个问题。"

完全计划经济的年代里，工作效率低下是一个顽疾。按原交通部四航局蛇口工地党支部书记沈长林的话说："干多干少干好干坏，反正我这份工资不会变。"而改革便是要破除阻碍生产力发展的障碍与藩篱。

因为效率太低，赶不上工期，四航局二处的党支部开了会。时任一队党支部书记的沈长林提议实行奖金奖励的做法。很快，党支部内的同志们统一了思想。几天后，他们宣布了一个大胆的举措——实行定额超产奖励制度。每多拉一车石料，就奖励司机4分钱。

当天，工地上就沸腾了起来。原交通部四航局机械队汽车分队书记林重庆说："连上厕所

敢为人先

都忍住，有一部分人可能达到130车。"

"4分钱奖金制度"，在社会上掀起轩然大波，甚至一度被叫停。担任蛇口工业区党委书记的袁庚不信这个邪，他邀请记者到蛇口调查，很快，中央领导肯定了蛇口的做法，4分钱定额超产奖励制度得以继续实行。

一年后的1981年，一个口号在蛇口工业区诞生了。

"时间就是金钱，效率就是生命，就把它定下来了。"谭筑熙曾是蛇口工业区企业管理培训班第一期的学员，那一年，他和几名同学被管委会叫去帮忙——在微波山下竖一块标语牌，"到我们班找了6个同学，去帮着挖坑，从微波山下来正好是这个方向，能看到。"

深圳改革开放发展口号

一位企业家曾回忆这句口号对自己一生带来的影响：

我记得当时看到一个标语"时间就是金钱，效率就是生命"，我的心立刻被深深地震动了。（摘自中央纪委国家监委网站）

熊熊的烈火，创业的烈火，发展的烈火，改革的烈火，就这么燃起来了。（摘自马化腾参加央视《对话》访谈）

已经从蛇口工业区退休的谭筑熙说："会有很多人有启发的，只要你是一个有心人，一定会感觉到这句话的意义。"

从1979年开始，蛇口上演了一幕又一幕艰难而又大胆的制度创新和改革。这片总面积不足11平方公里的土地，创下了人才公开招聘、分配体制改革、住房商品化、建立社会保障体系等24项"全国第一"。每一项创新制度的落地都是一场改革与否的拉锯战。

20多年后，袁庚在一次演讲中回首蛇口改革时，把那段经历比喻成"爱迪生的灯"：

爱迪生在门罗帕克实验室最初点亮的白炽灯只带来8分钟的光明，但是这短暂的8分钟却宣告了质的飞跃，世界变得一片辉煌。它真真确确留给了人们对不足的思索和对未来的希望。

中国共产党人以巨大的勇气和魄力拉开了改革开放的大幕。从

敢为人先

此，中国社会迸发出蓬勃的活力。

蛇口东北方向30公里，是华为深圳总部的大楼。2000年，任正非写下文章《创新是华为发展的不竭动力》，倘若把时钟拨回到这个想法的初始时刻，指向的应该是1978年3月——来自全国各地的近6000名科学界代表汇聚在北京参加那一年的全国科学大会。邓小平提出了"科学技术是生产力"的重要论断，令在座的科学工作者们欢欣鼓舞。其中包括一位名叫任正非的33岁的年轻人，他是解放军派来的代表，因为刚刚获得全军技术成果一等奖而有幸参会。这热烈的春天的氛围在参会者的心中打下烙印。多年后，任正非去往南方，在改革开放的前沿——深圳，创办了科技企业"华为"。

华为以创新的能力闻名于世。最初，派往世界各地的华为员工不得不用一次次的技术攻关来证明自己。2013年的春天，一位瑞士的客户询问华为工程师："你们能让铜线的传输速度和光纤一样快吗？"华为立刻着手进行技术攻关。一年后，华为在一对铜线基础上，近距离内实现了1000兆带宽。那一年，国际电信联盟重新定义了新一代铜线的接入标准。新铜线千兆技术帮助瑞士电信开通了铜线上的超高清业务，收获了客户的

在部队的任正非

认可。

一家来自中国的民营企业，就这样脚踏实地地解决了手边一个又一个技术难题。直到有一天，他们发现手中待解的难题，已经是全球通信行业技术的尖端。

40多年的改革开放，催生了无数像华为这样勇于进取、敢为天下先的民营企业。他们在日新月异的变革中大展拳脚。而他们的命运也不可避免与国家的命运交织在一起。

"奥斯特发现了电和磁之间微妙的关系……"在华为总部的接待大厅，大屏幕上反复播放着一个宣传片，主题是"基础教育和基础科研是产业诞生和振兴的根本动力"。

任正非曾自费进行中国基础教育状况的调查研究，并提交给相关部门。2019年5月21日，任正非在接受记者采访时说："国家的未来就是教育。我关心教育，不是关心华为，是关心我们国家，我就希望我们国家繁荣富强啊！"谈论这些话题的时候，中美正经历着贸易争端的升级，华为也正遭受严重且明显不公正的打压，"他们以为架起几门炮就吓唬一个国家的时代，还是那个时代，可能他们误判了。以为抓起我们家一个人来就摧毁了我们的意志，这个他们也误判了。"

重压之下，华为继续在创新领域发力。逆境之中，华为的技术突破一个接着一个。烧不死的鸟将涅槃重生为凤凰，矢志不渝的创新才能点燃更多科学的灯塔。

敢为人先

任正非曾在许多场合说，"我们是一家有理想的公司"。也有其他企业家曾经评价说，"华为是从珠穆朗玛峰的北坡登顶的"。珠穆朗玛峰的北坡既陡又冷，但拥有理想的人会在这求新求变的征程中收获喜悦。

2020年，中国发布的《"十四五"规划纲要》指出："提升企业技术创新能力，强化企业创新主体地位，促进各类创新要素向企业集聚……"

对那些拥有理想的企业和企业家来说，未来的中国将是一片更加生机勃发的沃土。

 # 争分夺秒，抓住机遇

中国北斗

在"两弹一星"的元勋中，孙家栋是最年轻的一位；在卫星工程总设计师里，他已是年长的老将。他与北斗系统的另一位奠基人陈芳允同为"两弹一星"元勋，从"两弹一星"中走来的老科学家们都有着坚定的报国志向。没有自己的导航系统，中国未来的发展就会受制于人。

当年美国和苏联都是一上来就走全球布局的路径，但是中国以不多的资金和技术，在当时无法这

孙家栋

陈芳允

敢为人先

样做。陈芳允院士首先提出了用"双星定位"布局北斗导航的设想。

国防科技大学电子科学学院导航中心教授王飞雪解释说:"为什么陈芳允院士当年能够提出这么一个与众不同的想法,一个创新的想法,实际上是穷且益坚,不坠青云之志。我们中国共产党人(具有)这种敢为人先,敢于创业,不畏困难的精神。它从建立之初就有创新的基因,北斗一号的构型就跟GPS是完全不同的。"

在"双星定位"的基础上,孙家栋为北斗导航设计了"先建试验系统,再建区域系统,最后建成全球系统"三步走的战略。三步走的星座之间要能实现"可持续升级",并在最后连为一体。为了这样一个理想,北斗导航系统必须精密计算自己的布星方案。

陈芳允的儿子陈晓东曾经这样回忆自己的父亲:

我印象中父亲不穿带拉链的衣服,因为他有一次被拉链卡住了,浪费了好多时间,自此以后父亲就再也没有穿过带拉链的衣服了。因为他觉得时间宝贵,要把每分每秒都用在有意义的事上。直到病危住院,父亲在病房里还依然坚持做研究。

陈芳允的科研工作一直延续到生命的最后阶段。享受着平静生活的人们或许难以理解这种争分夺秒的紧迫,但在北斗导航的研发团队里,每个人都感受过时间一分一秒流逝带来的焦虑。

中国北斗卫星导航系统起步的时候，美国与苏联已经占用了80%的频率，为了争夺最后的频率资源，中国曾设想过参与欧洲伽利略导航系统研究，但最终被拒之门外。

"集中力量办大事"是中国特色社会主义制度优势的突出特征，也是新中国成立后中国共产党带领全国人民破解一系列重大难题的创造性举措。靠着中国共产党的坚强领导，先后有30万人的科研团队加入这场争分夺秒的竞赛。

靠近国防科技大学的小饭馆偶尔会在夜里迎来欢乐的年轻人。夜幕低垂，食物香气飘散，长期紧绷的神经暂时得到舒缓。

国防科技大学电子科学学院导航中心讲师陈雷说："这种情况不是经常有，但是在我们关键的项目取得突破的时候，我们是一定要出去撮一顿的。"小小的释放必不可少，但大部分时间里，他们只能用一个个不眠之夜的心血去点燃北斗之光，"咖啡对我来说是'战略物资'，必不可少的。体能上的支撑我靠运动。我在大一就提出了入党申请。能加入这个团队，我自身是感觉非常光荣的。他们都是我的偶像。入党就是非常光荣的、向他们学习的第一件事。"

陈雷的老师王飞雪在24岁时加入北斗，那一年，正在攻读博士学位的他和另外几位同学一起，主动请缨，决心攻克困扰中国10年之久的"全数字快捕与信号接收系统"。他们虽然年少，却满怀着强烈的科学梦想。

敢为人先

王飞雪（中）和他的同学

　　王飞雪说："这个愿望强烈到什么程度，强烈到你走路也想，吃饭也想，睡觉也想，强烈到好像把手腕割开，流出来的不是鲜血而是愿望的时候，你一定是进入了一种状态，这个状态应该算是最具创造力的时候。我印象还特别深，就是不知不觉天亮了，突然间方案出来了。"

　　更年轻的科研工作者正源源不断加入他所在的团队。

　　"我今年28岁！"

　　"我今年27岁！"

　　"我今年23岁！"

…………

"做北斗这个事情太酷了！"

"从未知慢慢进入真相，这个感觉很奇妙！"

"让我们玩出一点卓越、玩出一点优秀出来！"

2007年4月14日，中国发射了北斗二号的第一颗卫星。4月17日晚上8点，接收器收到了卫星传回的信号，此时，距国际电信联盟给予中国申请频率的最后时限只剩下4个小时。数十载争分夺秒，矢志不渝，中国北斗终于获得了宝贵的发展机遇。此后的北斗导航系统迸发出磅礴的力量，以月均一颗星的速度和百分之百的成功率，在32个月中发射了32颗卫星。最后一颗卫星升空之际，年轻的科研工作者陈雷在自己的微信朋友圈晒出诗人艾青的诗句：

暴风雨中的雷声特别响，乌云深处的闪电特别亮，只有通过漫长的黑夜，才能喷涌出火红的太阳。

中国北斗，用23年的时间，追上了其他国家40多年的发展进程。

此时，孙家栋已是一位91岁的老人。他的老搭档——陈芳允院士已经去世20年，以他的名字命名的小行星——"陈芳允星"在太空中静静守望，与55颗北斗卫星组成的星座交相辉映。

敢为人先

中国天眼

如同一首歌中所唱的那样："一个人要仰望多少次，才能看见天空。"在满天星辰下，人类弱小而微不足道，却总有志存高远者，想要探求宇宙的奥妙。

1963年，阿雷西博望远镜在美国建成，这是当时世界上最大的单口径球面射电望远镜。阿雷西博的巨大飞跃使美国一直站在世界科技前沿，并发现了一系列令人瞩目的天文现象。1994年，

南仁东

天文学家南仁东从日本返回中国，他有一个梦想——让中国天文学家的目光也能穿越深邃的太空。

南仁东生前接受采访时说："别人（国）都有自己的大设备，我们没有。我挺想试一试。"南仁东的梦想是建成全世界最大单口径球面射电望远镜"中国天眼"，它的英文简称是FAST。

天文事业在很大意义上属于基础科学研究的范畴，它无法产生直接的经济效益，却是其他许多学科发展的引擎，是一个国家综合国力的象征。

2001年，FAST预研究成为中科院首批"创新工程重大项目"。2007年7月，又被列入国家高技术产业发展项目计划。

南仁东为FAST的建造殚精竭虑。他曾在脑海中一次次勾勒FAST建成的样子。那是一个无比巨大又无比灵巧的系统。FAST既是一个前所未有的科学项目，又是一座难度巨大的建设工程。南仁东从动工开始便身兼二职，这使他承担了巨大的压力。

中国科学院国家天文台研究员姜鹏说："每天就睡4个小时，我们先跑到柳州，从柳州又跑到贵阳，从贵阳回来又回到北京，回北京，然后又去河北三信……"在南京，疲惫不堪的南仁东不得不抱歉地请同事帮自己提了一次包，"然后他跟我说，这么多年了，他是头一次允许一个人帮自己拿东西。"

天眼FAST历时22年终于建成。风从这里吹过，雨从这里流过，阳光从这里穿过。在人类射电望远镜的建造中，FAST的设计绝无仅有，它突破了工程极限的羁绊，成为天文学历史上的创举，也是中国制造的又一个工程奇迹。

SKA国际组织总干事菲利普·戴蒙德说："当我第一次听到这个设计创意的时候，我震惊了，我真的很赞赏它。它会观察到其他望远镜都未曾观察到的东西。这真的令我很兴奋。"

澳大利亚天文学家塔索·左乌米斯认为："它的存在就是为了改变已有的我们对宇宙的认知。

南仁东将生命中近三分之一的时光聚焦在建造天眼这一件事

敢为人先

中国天眼

上，即使被确诊为肺癌，他仍在手术3个月后就回到了FAST的施工现场，一间简陋的彩钢房就是他的宿舍。

姜鹏告诉记者："被子都感觉能拧出水来一样，那他也一样住着。"

长期的劳累透支了南仁东的身体，2017年9月15日，72岁的"人民科学家"南仁东因肺癌逝世。25天后，中国天文学家首次利用自己的大设备发现遥远太空传回的脉冲星讯号。对中国而言，这是一次具有跨时代意义的发现。

南仁东没能亲眼看到这一刻，但他早已为这一天写下诗歌：

春雨吹醒了期待的嫩绿，夏露折射万物的欢歌，秋风编织七色锦缎，冬日下生命乐章延续着它的优雅……感官安宁，万籁无声，美丽的宇宙太空，以它的神秘和绚丽，召唤我们踏过平庸，进入到无垠的广袤。

翻开生态文明之路新篇章

从太空俯瞰地球，生机勃勃的大陆被蔚蓝色的海水包围。

NASA的卫星监测数据显示，过去20年间，仅中国一个国家的植被增加量，便占到过去17年里全球植被总增加量的至少25%。

其实，早在20世纪90年代中期，科学家们就注意到了地球有绿化的迹象，但当时很多科学家以为这是二氧化碳浓度上升造成的，并不相信人类自身的努力能起到这样的作用。

家，不仅是一个人出生的地方，更是子孙后代殷殷守护、生生不息的地方。

甘肃省古浪县的八步沙，毗邻腾格里沙漠。在元代，这里被称为"扒里扒沙"，意为"天上的街市"，是沙海中的绿洲、丝绸之路上的繁华商埠。但随着人类活动加剧，植被退化严重，昔日的繁华终于被黄沙掩埋。

生态兴则文明兴，生态衰则文明衰。早在1979年，三北防护林

敢为人先

工程被列为国家经济建设重要项目，当时这一工程的规划期限是73年。那一年，古浪县的八步沙有6个人响应国家号召，挺身而出，他们是4个村的村支书，还有2位村干部。他们就是后来被称作"八步沙六老汉"的郭朝明、贺发林、石满、罗元奎、程海、张润元。

"几个老汉能把八步沙治住吗？有好多人都不能理解他们的行动。"八步沙林场场长郭万刚说。

已经退休的八步沙林场职工张润元表达了他们当时的坚定决心："有党给我们撑腰，我们就有决心。我们作为共产党员，我们不带头谁带头？我们不去干谁干？"

"六老汉"都住在沙漠边缘的村子里，有着基层党员干部对党

20 世纪 80 年代初，"六老汉"治沙场景

的坚定信心。他们决心向沙漠宣战，带领村民干一番祖辈们从未干过也从来不相信能干成的事业。

大漠里，风沙中，一头毛驴、一辆架子车，一株苗、一瓢水，种一棵树，塞一把草。这一干便是20年。老汉们慢慢地老了，他们又做了一个约定——等他们死了，每家都要有一孩子顶上来。

郭万刚是第一个进入林场接替父亲继续种树的，最初他并不愿意，因为那时他在供销社已经有了一份人人羡慕的好工作。直到1993年的一天，一棵树改变了他的命运。

郭万刚清楚地记得，1993年的时候，这棵树只有碗口粗。那是"六老汉"种下的第一批小树苗。5月3日那一天，在供销社工作的郭万刚替身体不适的父亲去沙漠巡视。特大沙尘暴袭来的时候，他正走到这片小树林。

郭万刚在接受采访时说："30米的黑浪向我们扑来，要不是把那棵大树抱住的话，可能我们今天不会坐在这里说话了。这棵树是我的救命树，要没这棵树就没有我了。"

抱紧父亲种下的树，郭万刚捡回一条命。这一年，郭万刚下了决心，离开供销社，加入八步沙林场。

石满老汉1992年去世，他把最疼爱的小儿子石银山托付给了张润元。

"太难受，心里确实舍不得。"张润元回忆，"'不惆怅不惆怅，人总有一死。'他说，'我死的时候必须把我埋得离八步沙近

敢为人先

一些，我死了还能看见我的沙窝子。'"

　　如今，张润元80岁了，早在几年前，他的老伙伴们都已经相继离世。他在沙地前缓缓洒下一杯酒，深情地回忆着这些老伙伴："石老汉好喝点酒，个性强得很；贺老汉这个人也勤快得很；罗老汉性子刚强，不说谎话，这个人一辈子不偷懒；程老汉这个人还是自觉得很；郭老汉是老党员，对工作相当认真。"

　　石老汉的小儿子石银山现在是八步沙林场的一名职工，他说："我父亲最大的愿望就是能把我们这个地方变成绿水青山。"

　　贺老汉的儿子贺中强也是八步沙林场的"林二代"："我的父亲是共产党员，我又是共产党员，荒沙变成了绿色的海洋，我们就觉得心中充满了说不出的自豪。"

如今的八步沙梭梭成林，植被茂密

2012年，党的十八大把生态文明建设纳入中国特色社会主义事业"五位一体"总体布局，翻开生态文明之路的新篇章。

2018年11月，习近平总书记对三北工程建设作出重要指示。越来越多的人领会到绿水青山就是金山银山的创新理念，加入治沙的行列中。

如今，与八步沙毗邻的腾格里沙漠已经后退了20公里。绿色回到了八步沙。同样曾经黄沙漫天的毛乌素沙漠，现在已经几近消失；中国第七大沙漠库布齐也走上了绿色发展之路。

"生活从不眷顾因循守旧、满足现状者，而将更多机遇留给勇于和善于改革创新的人们。"中国共产党百年华诞之际，中国正日益走近世界舞台的中央。在实现中华民族伟大复兴的征程上，不拘一格的创新能力、敢为人先的创新精神依旧是共产党永葆青春的磅礴力量。"惟改革者进，惟创新者强，惟改革创新者胜！"

敢为人先

敢为人先才能开辟新路

2021年4月19日，习近平总书记在清华大学考察时，勉励青年一代："要勇于创新，深刻理解把握时代潮流和国家需要，敢为人先、敢于突破，以聪明才智贡献国家，以开拓进取服务社会。要实学实干，脚踏实地、埋头苦干，孜孜不倦、如饥似渴，在攀登知识高峰中追求卓越，在肩负时代重任时行胜于言，在真刀真枪的实干中成就一番事业。"敢为人先是中华民族的历史基因。革命战争时期，中国共产党敢为人先，开辟中国革命新道路。改革开放新时期，中国共产党敢为人先，开辟中国特色社会主义道路。中国特色社会主义新时代，中国共产党敢为人先，倡议共建"一带一路"，推动构建"人类命运共同体"。

毛泽东敢为人先，总结出"游击战争十六字诀"，开创中国革命新路。1927年7月大革命失败后，八七会议确定土地革命和武装反抗国民党反动派屠杀政策的总方针。9月9日，毛泽东领导湘赣边界秋收起义。然后，毛泽东在文家市集结部队，举行会议，统一思想，达成共识，向敌人统治薄弱的农村和山区进军。途中，毛泽东经过向地方党组织调查研究，决定向井冈山进军。通过三湾改编，率部进入井冈山，创建井冈山革命根据地。此前，十月革命经验是首先发动城市起义，然后向全国发展。毛泽东和战友们在井冈山上，从国情出发，坚持实事求是，开展武装斗争，发动土地革命，建立各级共产党组织，建立各级工农民主政权，建立红军，使井冈山成为中国革命的鲜艳旗帜。毛泽东敢为人先，与战友们一起，深刻总结革命战争的实践经验，形成"敌进我退，敌驻我扰，敌疲我打，敌退我追"的"游击战争十六字诀"，作为红军开展游击战争的基本原则，指引红军取得一个又一个胜利。龙源口大捷后，井冈山根据地达到全盛时期，扩大到宁冈、永新、莲花三县，遂川北部，酃县（今炎陵县）东南部，以及吉安、安福各一小部地区。井冈山斗争通过马克思主义理论创新、实践创新和道路创新，开创具有独创意义的井冈山道路，成为中国革命新路的伟大开端。

敢为人先的深圳蛇口工业区成为"第一个吃螃蟹的地方"。招商局是著名的国有航运企业，新中国成立初期，上海招商局总公司改称中国人民轮船总公司，香港分公司保留招商局名称，隶属中华人民共和国交通部。改革开放初始阶段，招商局需要摆脱过去的发展困境，开辟新的发展道路。1978年交通部委派袁庚赴香港主持招商局工作。袁庚首先实地考察香港的情况。通过详细考察，获得香港的第一手资料，向交通部提交了《关于充分利用香港招商局问题的请示》，其中明确提出"冲破束缚，放手大干"，将招商局发展为"综合性的大企业"。同时，袁庚等人考虑在内地沿海地区建立出口加工基地。1978年12月，招商局考察团经过调研，上报招商局决定，选择将工业区建在香港附近的深圳蛇口。蛇口靠近电网方便用电，

敢为人先

港口条件优越，能够建设深水港；占用农田不多，距蛇口镇不远，便于获得各类生活用品。1979年初，国务院正式批准招商局在蛇口筹建工业区的请示，中国第一个开发区正式创立。蛇口工业区首先移山填海，大力进行基础设施建设，然后吸引外资企业投资建厂，同时采取一系列措施汇聚国内外各方面人才。特别值得指出的是，蛇口工业区在发展经济的同时，敢为人先，破天荒地提出"时间就是金钱，效率就是生命"的口号。这个口号从争议不断到响彻中国，使人们感受到蛇口工业区敢为人先的超前魅力。招商局开发蛇口工业区成效显著，为深圳经济特区建设提供了敢为人先、先行先试的改革经验。"栽下梧桐树，引来金凤凰。"蛇口工业区很快就以"东方夏威夷"名扬世界。蛇口工业区依靠优惠政策和环境硬件吸引大量外资，成为外商公认的深圳经济特区投资环境最好的片区之一。1979年至1983年间，蛇口工业区引进外资5.22亿元，占深圳同期引进外资总额的17.6%。蛇口工业区敢为人先，吸引了许许多多慕名而来的内地人才。现在，蛇口工业区敢为人先的创业史，已经载入中国改革开放的史册。

南仁东敢为人先，花费22年让"中国天眼"从设想变成现实。"天眼"FAST是一个涉及天文学、力学、机械、电子学等诸多领域的科学工程，没有先例可循。南仁东率先在国际上提出建设大型射电望远镜，为了建设这个"世界独一无二的科学工程"，南仁东把科学家的创新精神发挥到了极致。1995年11月，以北京天文台为主，汇聚国内20余家大学和科研机构，共同组建大型射电望远镜中国推进委员会，南仁东为主要带头人。从此，南仁东作为大型射电望远镜中国推进委员会主任，担起千钧重担，一方面要负责立项、组织调研、具体实施等工作，一方面要提出科学策略，确定优先的观测计划。为此，他投入了全部心血和智慧，一心一意推动"中国天眼"的各项研究与建设工作，并用22年的时间，设计、选址、主持建造了举世瞩目的500米口径球面射电望远镜。南仁东以科学家的科学精神对待科学研究，精益求精，慎之又慎，精细入微，毫不含糊。2016年7月"中国天眼"FAST主体工程完工，南仁东接受中央电视台采访时谈到了建造FAST的初心："别人（国）都有自己的大设备，我们没有。我挺想试一试。" 2016年9月25日，南仁东主持的FAST落成启用。2017年9月15日，南仁东因肺癌逝世。2018年12月，党中央、国务院授予南仁东"改革先锋"称号，颁授改革先锋奖章。2019年9月，南仁东被授予"人民科学家"国家荣誉称号。

2020年11月12日，习近平总书记在浦东开发开放30周年庆祝大会上指出："广大党员、干部要勇于担当、敢为先锋，奋力创造新时代新奇迹。"敢为人先体现了民族精神、时代精神的内涵。在新时代，更需要发扬敢为人先的精神，让自己时刻具备敢闯敢拼的锐气，大胆地探索创新，为实现中华民族伟大复兴的中国梦贡献自己的一份力量。

（本篇作者：薛庆超）

图书在版编目（CIP）数据

品格 /《品格》编写组编著. —成都：天地出版
社，2024.1
ISBN 978-7-5455-8032-7

Ⅰ.①品… Ⅱ.①品… Ⅲ.①中国共产党—党史
Ⅳ.①D23

中国版本图书馆CIP数据核字（2023）第223364号

PINGE
品格

出 品 人	杨　政
编　　著	《品格》编写组
责任编辑	杨永龙　孙若琦
责任校对	曾孝莉
封面设计	彐ㄐㄐ大伟
内文排版	挺有文化
责任印制	王学锋

出版发行	天地出版社
	（成都市锦江区三色路238号　邮政编码：610023）
	（北京市方庄芳群园3区3号　邮政编码：100078）
网　　址	http://www.tiandiph.com
电子邮箱	tianditg@163.com
经　　销	新华文轩出版传媒股份有限公司

印　　刷	北京博海升彩色印刷有限公司
版　　次	2024年1月第1版
印　　次	2024年1月第1次印刷
开　　本	787mm×1092mm　1/16
印　　张	15
字　　数	160千字
定　　价	49.80元
书　　号	ISBN 978-7-5455-8032-7